내 아이를 위한

마법의
교육법

잘 풀리는 아이에겐 비밀이 있다

내 아이를 위한

마법의 교육법

김기원 지음

평범한 내 아이를 매력적인 미래 인재로 키우는 자녀 교육법
부모의 교육법으로 아이의 미래를 결정짓는 마법의 노하우
급변하는 시대를 살아 갈 우리 아이들을 위한 필독서!

좋은땅

"부모는 아이를 변화시키는 마법사이다"

'화이트 해커'라고 들어보신 적 있으실 것이다. 인터넷 네트워크나 컴퓨터 시스템의 보안 전문가들을 일컫는데 최근엔 '시스템기기 정보 보안가'라고도 한다. 몇 년 전 고등학생임에도 불구하고 화이트 해커로 유명세를 떨치고 현재는 보안 전문가의 길을 걷고 있는 한 청년이 있다. 그는 실제로 지금과는 달리 매우 우울한 중학교 시절을 보냈다고 고백했다. 그는 당시 친구들과 어울리지 못하여 왕따를 당하기 일쑤였다. 그렇게 혼자서 시간을 보내면서 컴퓨터 게임에 빠져 헤어나오지 못할 지경에 이르렀다. 하지만 청년의 부모님은 여느 부모님과는 달랐다. 보통 컴퓨터 게임을 하지 못하게 잘 타이르거나 혼내는 것이 당연했지만 그의 부모님은 아들이 좋아하는 컴퓨터에 관련한 다양한 정보들과 전망 등을 알려 주었다. 그는 부모님의 모습을 보고 '나를 이토록 믿어주시는데 실망시켜드리면 안 되겠다.'라고 결심했다. 그는 다시 학교공부에 매진하는 것은 물론 자신이 좋아하는 컴퓨터 공부도 게을리 하지 않아 지금의 자신이 있게 되었다고 했다. 그는 부모님이 자신을 믿어 주지 않으셨다면 현재의 그가 없었을 것이라고 힘주어 말했다.

부모가 아이를 전적으로 믿어줄 때 비로소 아이는 자신을 발견하고 온전히 성장해 나갈 수 있다. 만약 아이에게 부모가 컴퓨터 게임이나 한다고 무작정 윽박지르고 혼냈다면 아마도 청년의 행보는 불 보듯 뻔했을 것이다. 물론 잘 타일러서 아이가 다른 길로 갔었다면 어땠을까 생각할 수도 있다. 하지만, 결국 아이는 자신이 좋아하는 일을 해 보도록 권유한 부모님의 신뢰에 감동해 자신을 뒤돌아볼 수 있었다. 누구보다도 부모가 아이를 믿어줄 때 아이는 동기부여를 얻게 된다.

부모는 아이를 행복하거나 불행하게도 만들 수 있는 마법사라고 해도 과언이 아니다. 아이들은 선천적으로 타고나는 것보다 부모의 교육방법과 학습에 따라 후천적으로 만들어진다는 사실이 수많은 사례들로 입증되었기 때문이다. 생각해 보면 무척 다행스럽고 감사한 일이 아닐 수 없다. 대부분의 아이들은 부모의 마법으로 올바른 가치관과 스스로 믿음을 가지고 행복하게 살아가게 된다. 하지만 아이들이 부모의 그릇된 마법에 걸려 자신을 발견하지 못하고 이끌려만 다니다 후회 가득한 삶을 맞게 된다면 매우 안타까운 일이 아닐 수 없다.

현재 급변하는 우리 사회는 어떻게 아이를 키워야 할지 기로에 서 있는 시점이다. 많은 부모들이 적합한 양육에 대해 갈등과 불안을 느끼고 입시 위주의 경쟁 구도에서 벗어나 다가올 미래, 아이의 교육 방향과 행복에 대해 많은 관심을 가지고 있다. 아이가 튼튼한 몸을 가지기 위해 기초체력을 길러야 하듯 올바른 마음과 학습력을 기르기 위해서도 기초 근력이 필요하다. 기초 근력을 기를 수 있는 적절한 시기란 없고, 늦었다 낙심할 필요도 없다. 바로 지금이 가장 적절한 때이며 시작할 시점이다.

이 책에서는 아이들이 기본적으로 길러야 할 주요 역량들을 소개하고 잠재능력을 키울 수 있는 다양한 방법들을 알려 준다. 또한, 4차 산업혁명 시대의 흐름에 맞추어 미래를 읽어 내는 부모로서 미래 인재 그리고 행복한 아이로 성장시킬 수 있는 노하우를 제시한다.

아이를 키우는 시간은 그리 길지 않다. 그 시간은 매우 귀하고 축복받은 시간이다. 부모와 아이가 함께 배우고 성장하며 행복한 미래를 맞이하길 바라는 진심 어린 마음을 전하고 싶다.

흰 눈이 펑펑 내리는
2019년 어느 겨울 아침에
김기원

목차

프롤로그   4

Part 1   아이의 미래를 결정짓는 기본 역량 5가지

1 | "아프냐? 나도 아프다." 공감하는 아이는 외롭지 않다   10
2 | 소통능력, 대화가 능통한 아이는 무엇이든 해낼 수 있다   17
3 | 참사람 만드는 인성교육은 부모로부터 키워진다   23
4 | 아이의 정서지능이 미래의 성공을 좌우한다   29
5 | 너도나도 콜라보, 협업하고 넘나드는 능력을 키워라   36

Part 2   창의력, 내 아이의 능력을 극대화시키는 마법

6 | 호기심, 긍정적인 사고, 전략적인 사고 키우기   44
7 | 창의력은 조합하고 연결하는 데서 나온다   51
8 | 창의적이고 생산적인 뇌를 만드는 멍 때리는 시간을 아까워 말라   57
9 | 창의력을 키우는 디자인적 사고   64

Part 3   매력적인 아이가 성공과 행복 모두 얻을 수 있다

10 | 내 아이를 천재로 만들 수 있는 고전인문학   72
11 | 난 할 수 있어! 마법처럼 생겨나는 아이의 자신감   79
12 | 웃길수록 성공한다   86
13 | 덕업일치, 취미가 돈과 직업이 되는 시대   92
14 | 최고의 유산은 부를 만들고 지키는 지혜를 물려주는 것   99

Part 4   4차 산업혁명 시대, 아이를 위한다면 미래를 위한 준비도 달라져야 한다

15 | 진로 선택, 조급해하지 말고 시점을 포착해라   108

16 | 시야를 넓혀라, 디지털 노마드의 시대가 오고 있다   114

17 | 미래사회는 평생직장이 아닌 평생교육의 시대다   121

18 | 학습 민첩성, 신속히 학습하고 적용하는 능력 키우기   128

19 | 디지털 시대의 바이블, 디지털 리터러시를 배워야 하는 이유   134

20 | 미국 보딩스쿨 유학 이야기   140

Part 5   감춰져 있는 내 아이의 잠재력의 비밀을 캐내자

21 | 너 자신을 알라, 메타인지의 비밀   150

22 | 환경이 아이의 미래를 결정한다   157

23 | 칭찬받은 아이는 기적을 이루어 낸다   163

24 | 결핍과 절실함은 내 아이 성공의 원동력이다   169

25 | 시련도 역경도 이겨 낼 수 있는 회복탄력성 키우기   176

Part 6   아이와 엄마의 행복 찾기

26 | 아이들이 변한다, 예술로 행복해지는 아이들   184

27 | 마음이 아픈 아이 치유해 주기, 부모와의 대화로 해결할 수 있다   190

28 | 행복한 아이로 만드는 방법   196

29 | 공부하는 엄마는 자신의 삶뿐만 아니라 아이의 미래도 바꾼다   202

참고 문헌   209

Part 1

아이의 미래를 결정짓는
기본 역량 5가지

1
"아프냐? 나도 아프다."
공감하는 아이는 외롭지 않다

우리의 삶은 여러 가지 감정 속에서 이루어진다. 타인의 감정을 느끼고 같은 입장에서 이해할 수 있는 능력을 '공감능력'이라고 한다. 혼자서는 살아갈 수 없는 우리 아이들에게 필수적인 덕목이며 정서적 능력이다. 공감능력이 뛰어난 아이는 타인을 이해하면서 관계를 형성한다. 이러한 원만한 소통을 바탕으로 다른 사람들과 좋은 인간관계를 유지할 수 있다. 말하자면, 다른 사람들과의 좋은 인간관계를 형성하는 공감능력은 아이가 앞으로 미래 시대를 행복하게 살아갈 수 있는 큰 힘이 된다.

아이가 함께 살아갈 공감하는 사회

슬퍼할 때 위로해 주고 함께 슬퍼해 주는 친구가 있고, 엄마 마음을 헤아려 집안일을 도와주는 딸, 그리고 말은 없어도 묵묵히 자신의 마음을 알아주는 아빠도 있다. 이 모든 상황의 바탕은 공감에서 나오는 것이다. 공감은 감정이라는 것에서 비롯되어 함께 느끼는 마음에서 끝나지 않고 행동으로 이끄는 힘을 가지고 있다. 우리는 공감을 통해서 다른 사람의 기쁜 일이나 슬픈 일을 느끼며 그들의 고통을 보는 순간 그 일부는 나의 것이 된다. 그래서 누군가에게 깊이 공감을 하면 도움을 주고 싶어지기도 한다.

2007년 '서해안 기름유출 사건'은 유조선과 해상 크레인이 충돌하는 큰 사건이었다.[1] 파손된 유조선에선 어마어마한 기름이 흘러나왔고 거대한 기름띠는 바다를 덮쳤다. 바다에 살던 물고기와 새들 그리고 갯벌에 살던 생물들은 죽어 나갔고 고기잡이로 생계를 꾸려나가던 어민들은 좌절에 국면했다. 이 소식을 들은 사람들은 힘들어하는 서해안 어민들에 깊이 공감했고 어린 학생부터 나이든 노인들, 그리고 외국인들까지 모두 서해안으로 달려갔다. 모두 한마음 한뜻으로 달려간 백만 명이 훌쩍 넘는 자원봉사자들은 차디찬 칼바람에 맞서며 기름 제거를 도왔다. 이 사건은 다시 한번 공감의 힘을 보여 주는 사례였다. 다른 사람을 배려하는 따뜻한 사회, 다른 사람의 아픔을 이해하고 도울 수 있는 사회의 바탕은 바로 다름 아닌 공감이다.

공감의 대왕, 세종대왕

우리 역사 속에 가장 백성을 아끼고 사랑했던 왕 가운데 세종대왕이 있다. 세종대왕은 백성들과 공감하며 놀라운 업적들을 이루었다. 그중 가장 큰 업적은 바로 훈민정음의 창제이다. '나랏말이 중국과 달라' 고통받는 백성들을 안타깝게 여겨 행동으로 이어진 공감의 결과물이었다. 다른 업적으로는 궁의 노비들이 만삭의 몸으로 일하는 것을 안타깝게 여겨 출산휴가를 만들었다. 또한 연이은 흉년으로 백성들의 삶이 피폐해지자 고통을 함께하고자 초가집을 지어 무려 2년간 검소한 생활을 했다.

　세종대왕의 뛰어난 공감능력은 백성들의 삶을 변화시키는 원동력이 되었고 훈민정음은 지금 우리가 사용하는 한글의 시초가 되었다. 이러한 공감능력은 미래 시대 우리 아이들이 리더로서 갖추어야 할 필수 덕목이다. 역사 속의 다른 위인들이나 과학자들 그리고 예술가들 역시 뛰어난 공감능력을 지녔으며 이들은 역사의 발전을 이끌어 왔다.

우리는 '호모 엠파티쿠스'

　세계경제학자이자 문명비평가인 제레미 리프킨 교수는 저서《공감의 시대》에서 인간이 세계를 지배하는 종이 된 것은 뛰어난 공감 능력을 소유한 것 때문이라고 언급했다.[2] 그리고 이러한 인간을 가리켜 '호모 엠파티쿠스(Homo Empaticus)', '공감하는 인간'이라고 명명했다. 리프킨 교수에 의하면 인간은 서로의 감정과 상황을 느끼고 공감한다. 그리고 이를 통해 다수에게 효율적이고 이로운 시스템을 만들어 가며 문명의 발전을 거듭해 왔다는 것이다. 공감하는 인간의 선천적인 공감능력은 신경세포의 일종인 거울뉴런에서 시작된다고 한다.

　이 거울뉴런은 무의식중에 다른 사람의 행동을 따라 하게 만드는 신경이다. 이 신경이 활성화하는 것은 어릴 때 부모와의 관계에서 시작된다. 아이는 눈맞춤이나 부모의 행동으로부터 첫 공감을 배우게 된다. 이후 인간관계의 확대와 거울뉴런의 발달로 타인과 공감할 수 있는 '호모 엠파티쿠스'로 자라게 되는 것이다. 다가올 미래에는 지금까지 인간이 해 왔던 지식영역이나 육체적 노동 분야는 AI나 로봇이 담당하게 되어 인간은 감성적인 영역, 공감의 역량을 더욱 필요로 한다. 하지만, 사회적인 필요에 반해 미디어와 SNS, 게임, 학업시간의 증가 등으로 요즘 아이들은 거울뉴런을 제대로 발달시킬 수 있는 기회가 줄어들었다. 이러한 문제들의 이유로 공감교육의 필요성은 더욱 절실해지고 있다.

공감능력 키우는 방법

가족이나 타인과의 관계 속에서 자연스럽게 배울 수 있었던 예전 시대와는 달리, 공감교육은 이제 학습의 한 부분으로 가정에서 부모로부터 키워질 수 있다. 아이의 공감능력은 우연히 타고나거나 저절로 갖춰지는 것이 아니며 가르침과 훈련을 통해 성장한다. 아이의 공감능력에 가장 큰 영향을 끼치는 것은 아이와 가장 가까운 부모이다. 그럼, 부모는 아이의 공감능력을 어떻게 키울 수 있을까?

첫째, 아이의 감정을 이해하고 경청해 주기

실제로 자녀의 감정을 수용해 주고 조절해 주는 부모 밑에서 자란 아이들은 그렇지 못한 아이들에 비해 더 안정적이고 스트레스도 적으며 건강하게 자란다고 한다. 이에 따른 아이들의 공감력도 높다. 아이들이 말할 때 조용히 경청해 주자. 경청이란 상대방의 말을 집중하여 들어주고 상대방이 얼마나 소중한지 인정해 주는 것이다. 자신의 말과 감정에 대해 공감을 받고 자란 아이들은 다른 아이들의 감정을 공감하며 자신의 감정도

숨기지 않고 잘 표현한다. 부모들은 아이들이 감정을 제대로 표현할 수 있도록 "정말?" "아 그래?" "어머 그랬구나?" 등 아이들의 감정을 지지해 주는 말이나 맞장구를 쳐주는 등 서로 공감대를 형성할 수 있어야 한다.

둘째, 관점수용능력 키우기

공감능력에서 중요한 바탕이 되어야 하는 것 중 하나가 바로 '관점수용능력'이다. 관점수용능력은 타인이 자신과 다른 감정이나 생각을 가질 수 있다는 것을 이해하는 능력이다. 이것은 사회성에 있어서 긍정적인 관계와 소통의 바탕이 된다. 모든 사람은 개개인의 관점이 있다. 아이들은 사람들이 저마다 독특한 관점을 가지고 있다는 것을 알아야 하고 또 배워야 한다. 다양한 관점들을 살피고 배우는 가운데 타인의 관점을 존중하고 자신의 관점 또한 변할 수 있기 때문이다.

셋째, 아이가 타인을 공감하고 적절히 행동할 때 칭찬해 주기

아이들의 공감능력을 키우는 매우 효과적인 방법은 타인을 공감했을 때 바로 칭찬해 주는 것이다. 칭찬을 들은 아이는 자신의 공감에 따른 행동이 다른 사람들을 기분 좋게 만들고 긍정적인 반응을 불러오는 것을 경험한다. 이로써 자신의 감정은 물론 타인의 감정 또한 살피는 습관을 들이며 타인의 감정의 중요성을 배우게 한다. 공감은 상황에 따라 다르며 올바른 판단과 적절한 행동을 학습하는 것이 중요하다.

넷째, 타인의 감정을 받아들이는 감수성 기르기

공감능력을 기르는 데 타인의 감정을 이해하는 것은 기본이 된다. 이런 성질을 감수성이라 한다. 보통 감수성은 상대방의 감정을 수용하고 느끼는 성질이라고도 한다. 감수성을 기르려면 우선 다른 사람들의 상황에 대해 생각해 보는 기회를 자주 접하면 좋다.

예를 들어, 책이나 TV, 신문에 나오는 타인의 상황을 통하여 당사자의 감정을 추측해 보도록 질문해 보는 것이다. "이 사람들의 마음은 어떨까?" "이런 문제에 대해 어떻게 생각하니?" "이런 상황에서는 무엇이 필요할까?" 등 여러 질문을 해본다. 아이들은 이런 질문을 통해 다른 사람들의 감정을 깊이 생각할 수 있게 되고 타인의 감정을 받아들임으로써 감수성을 키워나간다.

다섯째, 부모가 먼저 공감하는 사람 되기

부모는 아이들의 거울이라 말한다. 공감하는 부모 밑에 공감하는 아이가 있다는 것이다. 부모가 타인을 공감하고 이해하는 모습을 보여 주면 아이들은 그것을 보고 감동하며 배운다. 따로 공감학습을 하지 않아도 자연스럽게 공감하는 가족이 되는 것이다. 때로는 부모가 자신의 감정적인 문제로 인해 아이에게 부적절한 감정반응을 보이는 경우도 종종 있다. 하지만 이러한 상황이 아이에게 미칠 영향을 우선 인식하고 자신의 부정적인 감정을 분리해 보는 방법이 요구될 수 있다. 부모가 자녀를 양육하는데 있어 부모 자신의 감정을 잘 조절하고 아이가 느끼는 감정에 집중할 때 비로소 진정한 공감이 이루어진다.

〈포춘(Fortune)〉지의 편집장이자 저널리스트인 제프콜린은 그의 저서 《인간은 과소평가 되었다》에서 4차 산업혁명으로 인간의 많은 영역을 인공지능이 대체하지만 기계가 대체하지 못하는 한 가지가 있다고 이야기한다.[3] 그것이 '공감'이라는 것이다. 사람을 위하고 공감하고 그것을 통해 연대감을 느끼는 것은 인간의 본성 깊이 뿌리박힌 것이라 바뀌지 않는다고 한다. 이처럼 미래 시대 아이들에게 물려 줄 인간만의 능력은 공감능력이다. 아이들은 인간만이 가지는 고유한 공감능력을 키워나가 행복한 가정과 사회 그리고 미래를 만들도록 해야 할 것이다.

2
소통능력, 대화가 능통한 아이는 무엇이든 해낼 수 있다

"부모님과 대화할 때 말이 안 통해요."

"우리 아이는 왜 그러는지 모르겠어요."

몇 년 전 인기를 몰았던 〈유자식 상팔자〉나 〈동상이몽 시즌1〉과 같은 가족 간의 소통을 다루는 TV 프로그램이 등장했던 것을 보면, 부모와 아이와의 소통의 문제는 영원한 숙제인 듯하다. 어릴 적엔 부모의 말이면 뭐든 잘 듣던 아이가 청소년이 되면서 성숙하고 예민해진 탓인지 자신의 주장을 내놓으며 반박도 하고 대화를 회피하는 경우도 있다. 이러한 상황의 가장 좋은 방법은 아이와 많은 대화를 나누며 함께해 주는 것이라는 건 누구나 다 아는 사실이다.

하지만 요즘 아이들이 대부분 집에서 보내는 시간이 많지 않고, 스마트폰, 게임 등 시간을 보낼 수 있는 매개체의 발달로 소통이 여간 쉽지가 않은 것이 문제이다. 또한, 아이들이 부모와 소통이 안 되는 가장 중요한 요인의 하나로 부모의 아이에 대한 이해와 배려, 그리고 공유할 수 있는 부분이 부족한 점을 들 수 있다.

아이에게 가정은 부모 또는 형제들과 끊임없는 의사소통을 통하여 올바른 가치관과 관계 형성을 배워나가는 장소이다. 이러한 가족 간의 소통이 배움의 가장 핵심적인 요소이며 아이가 성장하며 키울 수 있는 대인관계의 키워드이다. 이렇듯 소통능력이 중요한 핵심요인이라는 사실을 세계적 기업이나 유명한 기업가의 사례에서도 발견할 수 있다.

세계 최고 기업의 원동력은 소통능력에서부터다

최근 비즈니스 세계에서 의사소통의 변화는 매우 혁신적이다. 세계 1위 기업 구글을 보라. 검색창 하나로 우리는 하루에도 몇 번씩 자료를 검색하고 맛집을 찾는다. 그리고 방대한 자료들을 수집하고 블로거들과 소통한다. 구글은 의사소통기반의 가장 대표적인 기업으로 2010년에는 갓 졸업한 학생들의 가장 선망의 직장이 되었다. 구글의 엄청난 성장의 비결은 과연 어디에 있었을까?

구글은 직원들에게 양질의 사원 카페테리아를 무료로 제공한다고 한다. 여기서 무료 사원 카페테리아를 제공한 이유는 무엇이었을까? 뛰어난 인재들을 끌어모으기 위한 수단이었을까? 그것은 아닐 것이다. 뛰어난 인재들은 그런 게 없어도 구글에서 일하고 싶어 할 테니 말이다. 구글의 진정한 목표는 직원들이 줄을 서서 기다리면서 서로 대화를 나눌 수 있게 만드는 것이었다. 자연스럽게 직원들의 소통이 이루어질 수 있도록 유도하는 것이다. 고등학교 급식식당에 놓일 만한 긴 테이블에 앉아서 타 부서의 잘 모르는 사람들과 대화를 할 수 있는 기회를 늘렸다. 심지어는 테이블 간격을 좁게 배치해 의자를 뒤로 뺄 때 뒤에 있는 사람과 일부러 부딪히기 쉽게 했다. 직원들은 그렇게 부딪혀 누군가 평소에 대화를 나눌

일이 없는 사람들이 소통하게 되는 경우를 '구글범프(google bump)'라고
한다.

소통의 수단인 언어는 인간의 삶에 필수적인 요소로서 자기표현의 방
법이다. 훌륭한 소통능력은 사업의 성공을 이끄는 원동력이다. 그러므로
소통능력의 차이에 따라 인생의 성패가 판가름 난다는 사실은 누구나 공
감할 것이다.

미국의 오일왕 존 록펠러(John Davison Rockfeller)는 "사람과의 소통
능력을 설탕이나 커피와 같은 상품으로 말한다면 나는 세상 아래 그 어떤
것보다 높은 가격을 지불할 것이다."라고 말한 바 있다. 소통능력은 사물
에 비교할 수 없을 만큼 가치가 있다는 것을 시사하는 대목이다.

소통에 대한 중요성을 보여 준 사업가로 세계적인 투자가 워런 버핏
(Warren Buffet)을 꼽을 수 있다. 워런 버핏은 자신의 자서전인 《스노우
볼(the snowball)》에서 이렇게 말하고 있다.

"20대의 젊은 워런 버핏은 남들 앞에 서는 것이 두려웠다. 그래서 찾은
것이 바로 데일 카네기 공공스피치강의였다. 이후 그는 대중 연설에 대한
공포를 이길 수 있을 만큼의 스피치 능력과 자신감을 가지게 되었고 탁월
한 사업성과로 이어졌다."

워런 버핏이 세계적인 투자가로 성공할 수 있었던 것에는 여러 가지 이

유가 있었을 것이다. 하지만 소통의 필요성을 깨닫고 배움을 통해 얻은 자신감과 자기 신념에 대한 열정으로부터 성공의 열매를 맺은 것이다.

가정에서부터 소통능력을 키우는 방법

요즘 학생부종합전형(학종)의 비중이 늘어나면서 자기소개서와 면접을 통해 학생의 의사소통 능력을 평가하는 대학들이 늘고 있다. 또한, 미래 인재역량의 하나인 소통능력은 취업을 하고 사회에 진출할 때 갖추어야 할 가장 중요한 역량 중 하나이기도 하다. 산업현장에서 직무를 성공적으로 수행하기 위해 요구되는 지식, 기술, 소양 등의 업무능력을 체계화한 '국가직무능력표준(NCS)'에서도 기본적으로 갖추어야 할 소양으로 소통능력이 평가된다. 최근에는 수행평가를 통해 중고생들의 의사소통능력을 직간접적으로 평가한다. 이처럼 중요시되는 아이의 의사소통능력을 기르려면 어떻게 해야 할까?

첫째, 소통을 잘하기 위해서는 듣기 능력이 필수적이다. 상대방의 말을 잘 듣는 것부터 생활화되어야 말하기나 글쓰기가 올바로 되기 쉽다. 외국어를 공부할 때도 가장 중점을 두는 부분이 듣기인 이유도 이 때문이다. 13년 연속 와튼스쿨 최고 인기 강의의 주인공 스튜어트 다이아몬드 교수는 그의 저서 《어떻게 원하는 것을 얻는가》에서 이렇게 말하고 있다.[4]
"소통할 때 상대방의 말을 먼저 듣고 질문한다는 것은 상대를 존중한다는 뜻이다. 협상에서는 당신의 말보다 상대방의 말이 더 중요하단 사실을 절대 잊어서는 안 된다. 당신이 전달한 의미보다 상대방이 받아들인 의미가 더 중요하다는 것이다."

또한, 상대방의 말을 주의 깊게 들어주고 상대방의 관점에서 생각해 주는 역지사지의 마음으로 소통이 이루어져야 한다고 강조한다. 아이들이 잘 듣게 하기 위해서는 부모나 교사가 먼저 잘 들어주는 것부터 시작해야 하고, 이 과정을 통하여 아이가 가진 사고들을 최대한 이끌어 낼 수 있다. 신중히 경청해 주고 이해해 주는 것이야말로 최고의 소통이다.

둘째, 소통의 핵심인 듣기와 말하기를 제대로 하기 위해서 독서를 생활화한다. 무작정 경청한다고 올바른 소통을 할 수 없다는 말이다. 《인생 한수》의 김무일 저자는 소통 능력자가 되고 싶다면 책을 읽으라고 언급한다.[5] 제대로 듣기 위해서는, 상대방의 이야기를 흥미롭게 들을 수 있고 또 맞장구쳐 줄 수 있는 일정 수준의 지식이 필요하다. 소통에서 말하기는 자신이 알고 있는 배경지식을 바탕으로 그 내용을 목적에 맞는 적절한 방법으로 표현하는 작업이다. 그러기 위해서는 독서를 통해 다양한 정보를 수집하고 그 정보들을 상황에 따라 적절한 어휘와 표현으로 활용할 수 있게 해야 한다. 독서는 풍부한 어휘력, 표현력, 상황판단력을 얻을 수 있는 보물창고다.

셋째, 가족과 함께 책을 읽고 토론을 한다. 가정에서부터 토론을 일상화하기 위해서는 먼저 가족 구성원들이 모두 대화하는 분위기를 조성시킬 수 있는 대화 환경과 아이들이 토론을 통하여 자신감을 가질 수 있는 부모의 지지가 필요하다. 토론능력이 아직 성숙하지 않은 아이들이 자신의 의견을 조리 있게 표현할 수 있도록 격려해 주고 관심 가져 주는 것 또한 중요하다. 실제로, 우리나라 학교에서의 토론 교육은 매우 열악하다고 할 수 있다. 중학교 고등학교 내내 주입식 교육을 받아온 학생들이 자신들의 생각을 말하는 토론을 하기란 쉽지 않다. 특히 토론학습이 소통을 위한 통로가 되어 협업이나 공감 형성 과정이 되는 것이 아닌, 상대를 이기기 위한 기술이나 평가도구로 취급되지 말아야 한다. 토론은 우리 아이들이 단순한 논쟁을 배우는 학습이 아니라 멀리는 사회에 나가 사회문제를 해결하고 소통해 나가는 것을 배우는 과정이다.

듣기와 말하기, 쓰기를 아우르는 소통능력은 경쟁력이다. 이제 침묵이 금이고 가만히 있으면 중간이나 간다는 것이 미덕인 시대는 가고 있다. 자신의 생각을 논리적으로 당당히 표현할 수 있다는 것은 아이에게 큰 강점이자 능력이 된다. 소통능력은 하루아침에 학습할 수 있는 것이 아니라 장시간 꾸준한 훈련으로 연마되는 평생학습이다. 그래서 학교에서뿐만 아니라 가정에서부터 소통훈련을 시작한다면 학교생활에 많은 도움을 줄 것이다. 아이가 밖에서 돌아와 하루 있었던 일과를 부모에게 이야기하고 생각을 조리 있게 표현하는 것부터 자연스럽게 소통훈련의 시작이 될 수 있다. 머릿속에 세상을 움직일 만한 지식을 담고 있으면 무슨 소용이 있을까? 올바른 소통으로 미래사회에서 인정받고 성장하는 행복한 아이로 키워야 한다.

3

참사람 만드는 인성교육은
부모로부터 키워진다

우리 속담에 세 살 버릇 여든까지 간다는 말이 있다. 가정에서 부모에게 배운 인성교육이 아이의 평생 삶의 질을 결정한다는 뜻이다. 어릴 때의 부모가 제공하는 환경이 매우 중요하다는 의미이다. 올바른 가정문화에서 올바른 인성교육을 경험하게 하고 인간관계, 윤리의식 그리고 배려와 관용 등의 더불어 살아나가는 지혜가 필요하다.

미래 시대에 인성이 더 중요시되는 이유

전 세계적으로 큰 흥행을 했던 〈어벤저스〉라는 영화가 있다.[6] '어벤저스'는 최고의 영웅들로 구성된 팀 '쉴드(Shield)'의 이야기다. 아이언맨, 토르, 스파이더맨, 헐크 등 이름만 들어도 어마어마한 영웅들이 쉴드의 팀원으로 지구를 지킨다. 여기서 흥미로운 것은 팀의 리더가 캡틴 아메리카, 스티브 로저스라는 인간이었던 점이다. 캡틴 아메리카는 사실 다른 팀원들에 비하면 매우 평범한 인물에 가깝다. 다른 영웅들과 비교했을 때 힘도 싸움능력도 훨씬 못 미친다. 그렇다면 그가 리더가 된 이유는 무엇일까?

캡틴 아메리카는 원래 왜소한 몸에 허약체질로 군대에서도 받아 주지 않았다. 그러나 그의 올바른 성품과 정의로움이 눈에 띄어 '슈퍼 솔저 프로젝트'에 동참하게 되고 보통 사람들보다 몇 배 강한 힘과 스피드를 가지게 된다. 어벤저스 팀원들은 저마다 독특한 성격에 모두 제멋대로이다. 이런 캐릭터들을 화합하게 하고 이끈 것은 바로 캡틴 아메리카이다. 그는 가장 똑똑하지도, 그렇다고 가장 힘이 센 인물도 아니었다. 하지만 따뜻한 인간미와 바른 품성을 지닌 캡틴 아메리카를 그 개성 강한 팀원들이 믿고 따른다. 그는 나쁜 말을 달고 사는 아이언맨에게 매일 잔소리를 하고, 툭하면 다혈질이 되는 헐크를 다스린다. 그의 인성은 싸움에서도 너그러움, 즉 관용이 느껴진다. 그가 사용하는 것은 오로지 방패뿐이고 악당은 사살하지 않고 기절만 시키는 것만 봐도 바른 인성을 짐작할 수 있다. 만약 캡틴 아메리카가 없었다면 쉴드의 운명은 어떻게 됐을까? 아마도 그들의 성공은 먼 나라 얘기가 되었을 것이다.

우리 사회에는 어벤저스의 영웅들처럼 훌륭한 전문가들이 많이 있다. 하지만 자신의 전문분야에서의 전문성은 훌륭한데 다른 분야에 대한 이해, 공감, 관용이 부족하다. 인성 부족의 문제인 것이다. 우리는 뛰어난 지식능력자보다 훌륭한 인성능력자를 키우는 데 힘써야 한다. 4차 산업혁명에 따라 산업이 자동화되고 인간이 하던 지식기반 일들의 대부분을 기계와 로봇이 대신 한다고 난리이다. 그렇지만 이런 시대일수록 인성이 기본이 되어야 한다. 인간만이 가지고 있는 본성인 인성과 바른 가치관 형성이 되어야 한다. 올바른 인성을 가진 아이들은 올바른 판단을 통하여 타인과 조화로운 관계를 만들 수 있다. 21세기에 가장 요구되는 인성을 갖추어 미래사회를 이끌어 나가는 올바른 리더로 만들어야 한다.

똑똑한 인재보다 인간다운 인재를 원한다

요즘 기업에서는 지식과 기술 역량을 갖춘 인재보다 인성을 갖춘 인재를 선호한다. 지식과 기술은 입사 후에도 키울 수 있지만, 인간만이 가지고 있는 인성은 고칠 수 없기 때문이다. 인성을 갖추지 않은 스펙만 뛰어난 인재는 조직에서 경쟁력이 없다. 인재는 인성이란 실력의 바탕 위에 역량을 키워나가야 한다. 요즘은 대기업을 비롯한 중소기업도 스펙보다 인성을 중요시하는 분위기다. 업무 능력은 키울 수 있지만, 인성은 바꿀 수가 없다는 것을 알고 있다. 기업들이 인성에 주목하는 이유는 인성이 좋으면 적응력과 책임감, 도덕성과 성실성이 좋기 때문이다. 능력이 뛰어나도 이기적이고 자기밖에 모르는 아이는 기업에서도 환영받지 못한다.

세계의 인성교육, 일론 머스크가 자녀를 위해 세운 비밀학교

테슬라의 CEO 일론 머스크는 4년 전 자신의 자녀들을 위해 '비밀학교'를 설립했다.[7] 5명의 자녀를 둔 머스크는 아이들을 모두 자퇴시키고 이 학교에 입학시켰다. 이 학교의 이름은 '애드 아스트라(Ad Astra)'라는 라틴어로 "별을 향해"라는 뜻이다. 이 학교는 이름만 있을 뿐 웹사이트도 전화번호도 없고 누가 어떤 교육을 하는지도 공개되지 않았다고 한다. 일론 머스크는 한 언론과의 인터뷰에서 "공장의 제조라인과 같은 획일적인 교육방식을 하는 학교는 의미가 없다. 아이들의 능력과 적성에 맞는 합리적인 교육과 인성교육이 절실하다"라고 언급했다. 결국, 피터 디아맨디스 'X 프라이즈' 재단 이사장이 이 학교를 방문한 후 이 학교에 대한 기고문을 남기면서 비밀스런 베일이 조금 벗겨졌다. 31명의 학생으로 이루어진 이 작은 학교는 언젠가 직면하게 될 '윤리와 도덕'을 주제로 하는 토론 수업이 지속적으로 이루어진다고 한다. 인공지능이 인간에게 줄 위험성을 경고한 그의 철학을 기반으로 미래 시대에 필요한 인성교육을 시키는 것이다. 화성 식민지를 꿈꾸고 있는 세계적인 슈퍼리치 일론 머스크의 윤리와 도덕에 바탕 한 인성교육에 대한 열정은 대단하다.

품격 있는 아이로 키우는 방법

품격은 사람의 품성과 인격의 줄임말이다. 타고난 품성과 배우고 길러진 인성의 조합으로 품위 있게 나타나는 자질을 의미한다. 품격 있는 사람은 자존감이 있으며 남을 배려할 줄 하는 도덕적 가치가 자연스럽게 묻어나는 사람이다. 아이를 예의 바르게 키우는 것은 타인과 더불어 당당하게 살아갈 수 있도록 하는 것이며 아이에게는 자존감을 지키는 것이기도하다. 아무리 지적 능력이 출중해도 예의와 인품이 부족하다면 결코 훌륭한 기량을 발휘할 수 없다. 귀한 아이일수록 겸손과 절제를 가르치고 품격 있는 삶을 살 수 있도록 이끌어 주는 것은 온전히 부모의 역할이다. 부모 자신은 혹시 아이의 기를 살리기 위해, 자존감을 세워 준다는 이유로 천방지축인 아이를 방관하고 있는 것은 아닌지 돌아보아야 한다. 세공을 어떻게 하느냐에 따라 가치가 달라지는 다이아몬드 보석처럼 아이의 품격도 어떻게 배우고 행동하느냐에 따라 달라질 수 있다. 그러면 품격 있는 아이로 키우려면 어떤 방법이 있을까?

첫째, 아이의 자존감을 지켜준다.

아이의 자존감을 지켜주는 것은 부모가 아이를 인정한다는 것이다. 아이가 사랑받고 있다는 것을 느끼게 해 준다. 사랑받고 자존감이 높은 아이는 다른 사람들을 존중하게 되고 또 존중받는 아이가 된다. 상황에 따라 아이가 잘못된 행동을 했을 경우 아이에게 상처 주는 말을 하지 말도록 주의한다. 잘못한 일에 대해서만 야단을 치고 아이의 자존감은 지켜주어야 한다.

둘째, 아이의 도덕성을 높여 주고 예절을 배우게 한다.

아이를 존중해 주어 도덕성을 높여 준다. 올바른 인성을 갖출 수 있도록 도덕성을 길러 주는 첫걸음은 아이를 존중하는 것이다. 평소에 기본적인 인사예절, 공공장소 예절, 순서를 기다리는 예절 등을 습득할 수 있도록 한다. '식사하는 공간'의 개념을 이해하게 해 주어 좋은 식사 예절의 기초가 되도록 한다. 행동의 결과보다는 과정에 대해 칭찬해 주고 아이가 긍정적으로 도덕성을 지키도록 한다. 아이를 혼낼 때는 아이가 충분히 자신의 감정표현을 할 수 있도록 유도해 주고 의견을 자유롭게 말할 수 있도록 해 준다.

셋째, 감사하는 마음을 기르도록 한다.

사소한 일에도 감사하는 마음을 갖도록 가르치자. 미국에서는 어릴 때부터 아이들에게 항상 감사한다는 말을 하게 한다. 물 한 잔을 받거나 종이 한 장을 받더라도 "Thank you."라고 말하는 것처럼 말이다. 고마움을 느끼고 표현하는 것은 아이의 인생을 풍요롭게 한다. 연세 신경정신과 손석한 원장은 "사람이 감사함을 느낄 때 긍정적으로 인식하는 상태가 되기 때문에 감사하는 마음을 자주 갖는 사람은 자신의 과거와 현재 그리고 미래까지 긍정적으로 바라본다."라고 말했다. 감사하는 마음은 아이의 사고를 긍정적으로 만드는 효과까지 있다.

어린 시절은 아이의 기본을 다지는 매우 중요한 시기이다. 아이의 순수함을 잃어버리지 않으면서도 연령에 맞는 아이 나름의 인성과 품격을 갖추게 해야 한다. 자연스럽게 생활에 스며든 인성 그리고 예의와 매너를 갖춘 아이들로 성장할 수 있도록 부모로부터의 교육이 절실하다.

4
아이의 정서지능이
미래의 성공을 좌우한다

정서지능은 자신의 감정을 다른 사람과의 관계 속에서 잘 관리하고 조절해 나가는 능력이다. 흔히 말하는 EQ(Emotional Intelligence)를 말하며 통상 감성이 풍부하다는 것보다 넓은 의미를 가진다. 미국의 사회학자이며 심리학자인 다니엘 골먼(Danial Goleman)은 "인생에서의 성공은 지능지수보다 정서지수에 더 큰 영향을 받는다."라고 말했다. 학교에서의 성적표나 기술지식 등의 지식지능보다 무형의 정서지능이 더 중요하다는 말이다. 정서지능이란 자신의 정서를 조절할 줄 알고 타인의 감정을 이해, 수용할 줄 아는 대인관계를 다루는 능력이다. 정서지능이 높은 아이는 스스로의 감정을 조절할 줄 알고 타인을 배려하는 가운데 문제를 해결한다. 또한, 인간적인 소통에 능하며 구성원들의 공감과 동기부여를 이끌어 낸다. 바로 리더십의 기본이 되는 것이 정서지능이다. 2016년 세계경제포럼에서 4차 산업혁명 시대에 필요한 10대 역량에 정서지능을 포함시켰듯이 말이다. 정서지능의 중요성은 성공한 사람들이 대부분 높은 정서지능을 가지고 있다는 것에서 증명된다.

훌륭한 리더십과 높은 정서지능은 비례한다

인드라 누이 펩시코 회장은 매년 400통씩 편지를 쓴다.[8] 회사 고위 임원 공무원 부모들에게 그들의 자녀가 회사를 위해 하는 일과 그들의 기여도를 일일이 써서 보낸다. 회사 임원들은 "부모님에게 최고의 선물이며 자신에게도 큰 기쁨이었다."라고 감동을 표했다. 인드라 누이 회장의 높은 인기는 말할 필요도 없다. 그녀는 가족적이고 인간적인 리더십과 섬세한 배려로 직원들을 챙기며 회사를 이끈다. 2007년 50세의 나이에 펩시코의 회장으로 등극했고 위기에 직면한 펩시코를 살려내고 업계 1위로 올려 세워 100년 전통의 코카콜라의 아성을 무너뜨리는 주인공이 된다. 정서지능은 공감과 자신감을 뛰어넘어 자신의 감정조절은 물론 타인과의 돈독한 관계를 발전시켜나가는 능력이다. 인드라 누이 회장은 그녀의 높은 정서지능의 힘을 발휘해 '부드러운 철의 여성 CEO'라 불릴 정도로 엄청난 성공을 거두었다.

미국 최초의 흑인 대통령 버락 오바마는 미국인에게 꿈과 희망을 보여준 역사적 인물로 평가받고 있다. 그의 정치 경력은 당시 다른 경쟁 대통령 후보들보다 못했다. 그러나 그의 뛰어난 연설은 국민의 지지를 얻었고 대통령이 되었다. 미국의 젊은이들은 오바마의 연설에서 링컨과 케네디, 그리고 마틴 루터 킹의 부활을 느꼈다고 한다. 그의 리더십은 인간적인 관계 형성에서 비롯된 소통과 부드러운 카리스마를 통해 발휘됐다. 오바마 전 대통령이 대중의 마음을 얻어 역사적 인물이 된 것은 타인의 감정에 공감할 줄 아는 능력, 즉 정서지능이 뛰어났기 때문이다.

정서지능의 기본은 감정조절

정서지능의 핵심이 되는 자신의 감정을 조절할 줄 아는 능력은 매우 중요하다. 한국의 태극낭자들의 경기인 골프대회를 보아도 바로 알 수 있다. 보통 수일에 걸쳐 다른 쟁쟁한 선수들과 경쟁해야 하는 선수의 정서조절능력은 대회 성적에 매우 중요하게 작용한다. 흔히 쓰는 말로, 강심장 즉 강한 멘탈을 가진 선수들이 큰 대회에서 우승하는 경우가 많다는 거다.

2010년 벤쿠버 동계올림픽에 출전한 김연아 선수를 예로 들어보자. 쇼트프로그램에서 김연아 선수는 일본의 아사다 마오 선수가 경기를 펼친 바로 다음 순서로 진행되었다.[9] 아사다 마오는 역대 자신의 신기록을 세우며 경기를 마쳤다. 다음 순서인 김연아 선수의 당시 압박감과 긴장감은 이루 말할 수 없었으리라 생각된다. 하지만 그녀는 놀라운 집중력과 침착함으로 최고의 기량을 발휘했고 당당히 세계 신기록을 달성하며 금메달을 획득했다. 뛰어난 실력도 중요했지만, 자신의 감정을 조절하는 능력인 정서지능의 승리였다. 자신이 실수하더라도 화를 내지 않고 적절히 정서를 조절하면서 대처하는 행동이 높은 정서지능이다.

반면에 감정을 제지하지 못하고 '욱'하는 성질 때문에 또는 불안감을 이기지 못해 경기를 망치는 경우도 많다. 경기에서 감정의 억제가 안 되어 흥분하고 무너져 버리게 되는 경우다. 이런 경우는 골프뿐만 아니라 다른 스포츠 경기에서 종종 볼 수 있는데 이들의 공통점은 정서지능이 낮다는 것이다.

정서지능은 기쁨, 슬픔, 외로움, 설렘 등의 민감도를 뜻하는 '감수성'과는 다른 의미이다. 자신의 정서를 절제, 조절, 관리함과 동시에 타인의 정서를 파악하고 효과적인 인간관계를 만들어 자신의 목표를 달성하는 능력이다. 아이들에게는 무한한 가능성이 잠재되어 있다. 아이가 그 무한한 가능성을 재능으로 발현할 수 있느냐는 것은 매우 중요하다. 정서지능은 아이에게 있는 재능을 찾아내고 스스로 발전시키는 능력이다. 자신의 감정을 절제할 수 있는 힘일 뿐만 아니라 자신과 타인을 이해하면서 자신의 삶을 일구어 가는 방식이다.

2010년 봄, 서울의 한 초등학교 학생들을 대상으로 정서지능검사를 실시했다.[10] 학생 중 몇 명은 평균치보다 높은 정서지능을 나타냈다. 정민(가명)이와 수연(가명)이, 두 학생이었다. 3개월 후 학교에서 다시 두 학생을 주시할 수 있었다. 당시 학생들은 조를 편성하여 팀별 과제를 진행하고 있는 중이었다. 그러던 중 흥미로운 점을 발견했다. 두 학생 모두 각자 팀의 리더 역할을 하고 있었다. 수연이는 수업시간에 팀별 학습 시 자신의 의견을 잘 제시하고 다른 학생들의 의견수렴 및 중재하는 역할도 거의 도맡아 하고 있었다. 정민이는 서글서글하고 성격이 좋아 아이들의 호감을 사서 거의 모든 친구들과 잘 어울렸다. 정서지능은 이 두 학생에게 좋은 성적 이상의 큰 실력으로 인정받고 있었다.

정서지능이 뛰어난 아이들은 평소에는 그다지 두각을 나타내지 않는다. 그러다 팀별 과제나 프로젝트가 있을 때 리더로서 이런 아이들의 능력이 발휘되기 시작한다. 이 아이들이 팀내에서 리더가 되었을 때 특징은 아이들의 마음을 잘 헤아려 주고 배려한다는 점이다. 이러한 팀의 분위기는 서로가 화합하여 역할을 분담할 수 있게 만들어 준다. 정서지능이 높은 사람들은 타인의 정서와 감정에 좋은 영향을 전달한다. 그들의 긍정적인 사고와 배려심은 다른 사람들의 기분을 좋게 만들며 서로 긍정적이고 편안한 팀워 분위기를 이끌어간다.

정서지능 키우는 방법

아이들을 유심히 관찰해 보자. 친절하고 명랑하고 상냥하여 친구들과 잘 어울리는 아이들이 있고 또 매사에 부정적이고 화를 잘 내며 아이들을 괴롭히는 아이들이 있다. 이 같은 상반된 성향은 어디에서 비롯된 것일까? 모두 타고난 것일까? 다니엘 골만 박사 등의 학자들은 정서지능은 선천적으로 타고난 것이기보다는 후천적인 노력에 따라 높아질 수 있다고 말한다. 정서지능의 30%는 선천적이고, 70%는 후천적으로 형성된다고 한다. 그러면 우리 아이 정서지능은 어떻게 높일 수 있을까?

첫째, 아이들에게 있어 엄마의 스킨십은 정서를 안정시키고 애착을 형성하게 하는 중요한 요인이다. 특히, 신생아 때부터 생후 24개월까지가 엄마와의 애착형성이 이루어지는 각별한 시기이며 이 시기에는 아이를 최대한 많이 안아 주고 스킨십을 해 주어야 한다. 스킨십은 아기 때뿐만 아니라 성장하면서도 필요하다. "우리 딸 장하기도 하지. 뭐 좀 먹고 공부해라." 하며 토닥토닥 등을 두드려 주거나 껴안아 주는 스킨십은 아이의 마음을 다독여 주고 공부에 대한 의욕을 일으키게 하기도 한다. 아이는 스킨십을 통해 부모가 자신을 사랑해 주는 것을 새삼 느끼게 되며 불안정했던 마음도 안정을 찾게 된다. 부모가 따뜻한 마음과 사랑을 가득 담아 표현해 주는 것이야말로 아이의 마음을 더욱 건강하고 행복하게 만들어 주는 영양제이다.

둘째, 정서지능을 높이려면 자신의 감정을 잘 조절할 수 있어야 한다. 감정을 조절한다는 것은 자신이 느끼는 감정을 억누르고 절제하는 것이 아니라 잘 표현하는 것을 말한다. 정서지능이 높은 아이들은 불쾌한 감정이나 나쁜 감정을 느낄 때 휘둘리지 않고 빠른 시간 안에 그 상황을 털어버리고 평상심을 되찾는다. 아이가 화가 났을 때 부모의 반응도 아이의 감정조절능력에 영향을 준다. 부모가 무작정 "화 좀 그만 내!" "화내면 뭐가 달라지니?"라고 하며 아이를 닦달하거나 혼내면 오히려 더 화가 날 수도 있으니 자제해야 한다. 부모들은 아이에게 화를 내지 말아야 한다고 다그치거나 감정을 드러내지 못하게 하는데 그렇게 누그러진 화는 언제든 다시 더 악화된 감정으로 드러나기 마련이다. 이런 경우, 우선 아이가 왜 화가 났는지 물어보고 상황을 이해해 주는 것이 필요하다. 화가 난 아이는 부모의 공감을 받아들이며 자신의 화를 멈출 수 있는 시간을 얻게 된다. 부모는 아이가 자신의 감정을 솔직하게 드러내고 조절할 수 있게 도와줘야 한다.

정서지능은 아이가 자신의 감정을 다스리는 없어서는 안 될 능력이며 자신과 다른 사람들을 공감하며 사회 안에서 조화롭게 살아갈 수 있는 밑바탕이다. 자신의 행동을 이끌고 또 난관을 극복하게 해 주고 슬픔과 좌절에도 불구하고 목표를 향해 전진하게 해 주는 나침반과도 같다.

5
너도나도 콜라보,
협업하고 넘나드는 능력을 키워라

"신입사원 중에 자신만 돋보이는 일만 하려는 사람들이 많습니다.[11] 그런 사람들과는 같이 일하기 쉽지 않죠. IT업계에서는 업무 대부분을 공동 프로젝트로 진행해야 하거든요. 아무도 그들과 어울리려 하지 않고 결국 스스로 지쳐서 회사를 나갑니다. 그래서 신입을 뽑을 때 개인의 실력보다 협업능력을 먼저 보게 돼요."

회사에 적응하지 못하고 입사한 지 얼마 지나지 않아 퇴사하게 되는 요즘 신입사원에 대한 IT대기업 관계자의 평이다. 명문대를 나와 치열한 경쟁을 뚫고 입사했지만, 사람들과 융합하지 못해 회사를 그만두는 사원들이 빈번하다는 말이었다. 주입식 교육과 입시경쟁을 통해 사회에 진출하게 된 사회초년생들은 협업이란 익숙지 않은 과제이다. 그러나 4차 산업혁명을 코앞에 둔 현재, 협업능력은 발등에 떨어진 과제가 아닐 수 없다. 2015년 국제학업성취도평가(PISA)에서 여러 학생이 문제를 함께 해결하는 협업력을 평가하는 문항이 추가되기도 했다. 협업능력은 다양한 분야의 사람들과 교류하며 창의적 문제해결을 해 나가는 미래 시대의 핵심 역량이다.

최근 4차 산업혁명을 필두로 협업이란 단어가 자주 언급된다. 그렇다면 협업이란 정확히 무엇일까? 협업이란 우리가 흔히 알고 있는 협동이나 협력과는 다른 의미를 지니고 있다. 협동이나 협력(Cooperation)은 '합하여 서로 돕는다'라는 의미이다. 하지만, 협업(Collabration)은 단순히 서로 돕는다는 의미보다는 '서로 다른 여러 분야의 전문가들의 업무들이 조합되고 연결되어 하나의 결과물을 이루는 과정'이라고 말할 수 있다. 우리가 흔히 말하는 '콜라보'다. 협동이나 협력이 기존 시대의 역량이었다면 협업은 미래 시대를 살아가는 데 없어서는 안 될 미래 시대 인재의 능력이 되고 있다. 그러면 아이의 협업능력을 키울 수 있는 방법은 무엇일까?

아이의 강점을 파악하기

사람들은 모두 자신만이 잘 할 수 있는 강점들을 가지고 있다. 다른 사람들도 할 수 있지만, 자신이 좀 더 잘 할 수 있고 소질이 있는 그런 것들이다.

세계적인 일본 건축가 안도 다다오는 어릴 적부터 무언가를 만드는 일에 흥미를 가지고 있었다. 집 근처의 목공소를 놀이터 삼아 나무로 집을 짓거나 물건 등을 만들며 어린 시절을 보냈다. 고등학교 시절 프로권투선수로 활동했지만, 그는 2년 만에 선수 생활을 그만두기로 결정한다. 당시 일본 최고의 권투선수였던 하라다 선수의 경기를 보고 자신은 권투의 재능이 없음을 깨달았기 때문이었다. 아무리 노력해도 하라다 선수만큼 기질이 없음을 느낀 그는 자신이 잘 할 수 있는 다른 일을 찾아보기로 했다.

어느 날, 그는 중고서점에서 우연히 프랑스 건축가 르코르뷔지에의 책과 마주하게 된다. 그리고 그 책을 계기로 자신이 건축에 재능이 있음을 발견한다. 결국, 그는 자신만의 창의력을 발휘하여 세계 여러 곳에 훌륭한 건축물을 남겼다. 이렇듯 안도 다다오는 스스로 자신만의 강점을 찾아내 엄청난 성공을 이루었다. 강점이야말로 자신이 잘 할 수 있는 분야에서 두각을 나타낼 수 있는 키워드이다. 아이의 강점을 찾아내 키워 주고 가정과 학교, 더 나아가 사회에서 자신의 역량을 펼쳐 나갈 수 있도록 힘써야 한다.

미국 퍼넬스쿨 교장인 제니퍼 폭스는 그녀의 저서 《아이의 10년 후를 결정하는 강점혁명》에서 계발해야 할 강점을 크게 학습강점, 관계강점 그리고 활동강점의 세 가지로 분류한다.[12] 수학을 좋아하는지, 친구들과 토론하는 것을 좋아하는지, 만들고 이해하는 것을 즐기는지 등 아이들의 학습강점들은 여러 가지다. 부모는 아이의 학습강점을 이해해 주고 각각의 아이가 바라보는 목표가 다르다는 것을 인정해 주어야 한다. 아이가 좋아하거나 잘하는 것은 반드시 하나쯤은 있다. 사소한 것이라도 말이다. 아이의 선호하는 학습 스타일이나 좋아하는 과목, 잘 하는 것 등을 찾아내서 격려해 주자. 관계강점은 다른 사람과의 소통이다. 아이들과 잘 어울리는 것, 타인을 배려해 주는 것, 불만이 있을 때 자신 있게 행동하는 것 등도 포함한다. 아이들의 성향이 될 수 있는 관계강점을 이용하여 아이가 최대한의 강점을 발휘할 수 있도록 도와야 한다.

예를 들어, 아이가 소통에 강하고 사회성이 있는 경우, 자신의 리더십을 발휘할 수 있도록 유도해 주는 것도 좋다. 활동강점은 스스로 잘하고 즐거 하는 '행동'을 찾는 것이다. 활동강점은 다른 학습강점이나 관계강점과 연결해 극대화시킬 수 있다. 아이가 좋아하거나 잘하는 것을 동아리 활동이나 집중적인 학습으로 강점을 최대화시키는 행동 등을 들 수 있다. 평소에 아이가 자신의 강점에 대해 생각해 볼 수 있는 기회를 마련해 주고 발견할 수 있어야 한다. 아이의 말을 잘 들어주고 속 깊은 대화를 할 수 있도록 이끌어 주자. 부모는 아이가 관심을 가지고 참여하는 활동에 대해 주의 깊게 관찰하고 질문해 보아야 한다.

가정에서부터 협업을 경험하게 하기

어릴 때부터 가정에서 생활 속 협업을 경험하게 하자. 생활 속에서 사소한 일도 가족끼리 상의하고 협업하는 경험을 키워 주자는 것이다. 예를 들어, 집안 분위기를 어떻게 바꿀지 또는 휴가를 가기로 정했다면, 어디로 갈지, 어떤 메뉴의 식당을 갈지 등 아이들의 의견을 묻고 참여시키는 것이 좋다. 가정에서 협업과 소통이 익숙해진 아이들은 사회에 나가서도 다른 사람들과 잘 융합할 수 있다. 유심히 관찰하면 아이들이 업무와 관련해서 무엇에 소질이 있는지 알아볼 수 있다. 침착하고 꼼꼼하게 기록을 잘하는지, 창조적인 아이디어를 잘 내는지, 용돈이나 예산관리에 능한지, 미래기술에 관심이 있는지 등 다양한 강점들을 찾아낼 수 있다. 생활속에서 협업에 필요한 역량 중 아이가 잘할 수 있는, 즉 강점이 있는 부분을 잘 살펴보자. 자신이 맡은 역할을 수행하는 과정에서 책임감도 느껴보고 가족 서로 간의 공감과 배려심을 키워보자. 가정에서부터 협업력을 키운 아이들은 자신의 역할 속에서 자신감을 가지게 되고 그 자신감은 학교에서나 사회에서나 인정받는 리더로서 또 다른 강점을 얻을 수 있다.

협업능력은 관용과 공감에서부터 비롯된다

교육학자들에 따르면 아이의 사회지능(SQ)이 높을수록 성공할 가능성이 높다고 한다. 심지어 어떤 학자는 그 비율이 80% 이상이라고 평가하기도 했다.[13] 사회지능이란 '사회성'으로 사람들과의 관계에서 다른 사람들을 이해하고 동시에 적절하게 행동하는 능력을 의미한다. 사회지능이 높은 사람은 상대방의 감정과 고통을 잘 이해한다. 그리고 상대방이 원하는 것은 물론 조직이나 사회에서의 문제를 잘 파악하고 원활하게 해결해 나간다. 협업하는 과정에는 타인과의 다름을 그 자체로 존중해 주는 공감과 관용의 태도가 필요하다.

《서울대에서는 누가 A⁺를 받는가》의 저자 이혜정 교육과혁신연구소장은 인터뷰에서 서울대와 미국 미시간대 학생들의 협업 태도에 관한 비교실험을 바탕으로 한 연구결과를 소개했다.[14] 하나의 프로젝트를 주고, 양측 학교 학생들이 어떻게 일을 분담하고 실행할지에 대한 실험들이었다. 두 학교 학생들의 실험결과는 현저히 달랐다.

서울대 학생들의 경우, 대부분 성적이 가장 좋은 학생들이 리더로서 팀을 이끌어 나갔다. 이들은 팀원들에게 일괄적으로 과제를 나눠 주고 분담시켰다. 특이한 점은 각각의 팀원들이 완성한 결과를 리더가 수집하고 정리가 필요한 부분은 혼자서 모두 수정한 후 결과물을 제출했다. 리더가 맡아 최종 수정을 하는 작업이 팀 전체에도 효율적이라고 생각했기 때문이라고 말했다. 또한 결과물도 수준이 높아 이런 작업이 좋은 점수를 얻기 위한 이상적인 협업(Collaboration)이라고 언급했다.

반면, 미시간대 학생들의 협력과정은 서울대 학생들의 방식과는 사뭇 달랐다. 학생들의 상당수는 분업은 최소화하는 한편 거의 모든 작업을 함께 진행했다. 각각의 과정마다 의견이 다른 학생들 간 합의가 필요하다 보니 프로젝트에 상당한 시간이 소요됐다. 게다가 성과의 수준도 높지 않았다. 하지만 미국에서 왜 이런 교육방법을 선호할까? 미시간 대학생들의 생각은 매우 달랐다. 그들은 한국 학생들의 팀 프로젝트 과정은 평등하지 못한 부분이 있다고 보았다. 총 책임을 맡은 리더는 작업 전체를 경험할 수 있지만 다른 학생들은 부분만 학습하게 된다는 것이다. 즉 리더를 제외한 다른 학생들은 배움의 기회를 빼앗긴다는 생각이었다. 그들은 최고의 점수를 얻는 것에 대해 학교를 벗어난 현업에서의 일이고 학교에서의 협업(Collaboration)은 그 과정을 배우는 것 자체로 의미가 있다고 말했다.

협업으로 얻는 '결과물'보다는 협업을 통해서 얻는 '과정'이 중요하다. 다른 아이들의 의견을 이해하며 소통하고 열띤 논쟁을 펼쳐 의견일치에 다다르는 과정을 배우는 것이다. 아이들은 다른 아이들의 낯선 의견을 수용하고 공감하면서 성장한다. 오히려 결과는 더디고 좀 거칠더라도 배움의 과정을 묵묵히 밟아나가는 아이들은 미래 리더로서 더욱 성장할 수 있다.

협업학습은 부모와의 관계에서부터 시작할 수 있다. 어릴 적부터 부모와 원활한 의사소통을 하며 배려와 관용을 익히며 가정에서 역할분담을 경험하여 협업능력을 키워나갈 수 있기 때문이다. 함께 일할 때 아이들은 서로를 존중하고 공동체를 이루며 성장해 나갈 수 있다.

Part 2

창의력, 내 아이의 능력을
극대화시키는 마법

6
호기심, 긍정적인 사고,
전략적인 사고 키우기

생각하는 힘은 엄청난 저력을 가지고 있다. 호기심에서부터 생겨난 작은 생각의 씨앗은 싹이 트고 자라나 인류를 발전시키고 세상을 바꾸고 있다. 긍정적인 생각은 좋은 방향을 제시하고 전략적인 사고는 튼튼한 생각의 열매를 맺게 한다. 아이들이 생각하는 힘을 기르기 위해서는 우선 호기심을 가지게 하자. 더불어 긍정적 생각을 기본으로 목표를 이루기 위해 효율적이고 전략적인 사고를 키워야 한다.

호기심을 가지고 질문하기

어린아이들의 호기심은 끝이 없다. 아기 때부터 무엇이든 만져보고 싶어 하고, 입에 넣고 싶어 하며, 말을 하게 되면 "왜?" 하고 질문을 계속한다. 아이들은 자신들이 모르는 것들에 대해 부끄러워하거나 눈치 보는 일이 없다. 이런 넘치는 호기심을 바라보면서 부모는 혹시 우리 아이가 영재가 아닐까? 라고 생각하는 부모도 있었을 것이다. 하지만 부모들은 곧 현실을 맞이하게 된다. 우리의 입시교육은 호기심 넘치는 질문을 배려하지 않는다. 아직 우리의 학교 교육은 입시교육에 바탕한 주입식 교육이

주를 이루기 때문이다. 이러한 입시교육은 아이들을 정답 찾기에만 집중시키고, 선생님께 질문하면 이상하게 취급받는 문화를 만들었다. 호기심 많던 아이들은 점차 호기심이 없어졌고 대학입시 이외에 다른 생각을 할 여유가 없어진 것이다.

EBS 〈왜 우리는 대학에 가는가〉 '말문을 터라' 편에서 제작진은 대학생들의 질문에 대한 반응을 알아보기 위한 실험을 했다.[15] 100여 명이 수강했던 강의시간에 학생(섭외학생)이 질문을 하게 해 보는 실험이었다. 수업시간은 교수의 말소리뿐 질문이 없이 조용했다. 그때 미리 섭외된 학생은 조용한 적막을 깨고 질문을 했다. 학생이 계속 질문을 하자 학생들은 황당하다는 듯한 표정에 어떤 학생들은 짜증난다는 표정까지 지었다. 수업 후 제작진과의 인터뷰 반응도 별반 다르지 않았다. 학생들 대부분은 질문한 학생에 대해 '나댄다' '황당하다'라고 부정적인 반응이었다. 학생들이 질문을 하지 않는 이유도 있을 것이다. 수업 중 질문을 했다가 혹시 창피 당하지 않을까 내지 수업에 방해가 되지 않을까 해서일 수도 있다.

잃어버린 아이들의 호기심을 되찾기 위해 학교는 시험문화를 체험문화로 점차적 변화시켜야 한다. 그리고 가정에서 부모는 아이들의 호기심을 키워 주고 배려해 주어야 한다. 아이들이 호기심을 가지고 질문해올 때 관심을 가지고 대하자. 학교공부에 지친 아이들의 감정에 대해 알아주고 포용해 주어야 한다. 이제부터라도 아이들이 새로운 것에 대한 호기심으로 가슴 뛰는 일을 찾아 전진할 수 있도록 말이다.

유대인의 학교에서는 무엇을 학습하느냐는 중요하지 않다고 한다. 어떻게 생각할 것인가, 즉, 생각하는 법을 배우는 것이 중요하다고 한다.

바로 잊어버리게 되는 지식은 아무런 의미가 없기 때문이다. 그들이 중요시하는 것은 아이들이 호기심을 가지고 질문하고 어떻게 문제를 해결해 나가냐는 것이다. 수많은 독서와 자유로운 토론을 통해 호기심을 불러일으키고 그 호기심은 생각 씨앗으로 발전한다. 유대인들은 세계인구의 0.2%밖에 되지 않는다. 그런 그들이 노벨상을 휩쓸고 세계의 성공한 리더들로 성장할 수 있었던 중요한 이유는 생각하는 힘을 키우는 교육 때문일 것이다.

미래 리더의 자질은 호기심에서 시작된다

'차세대의 미래교육(Education for Next Generation)'을 주제로 열린 '서울포럼 2018'에서 자레드 코헨 구글 직쏘 대표는 "구글은 직원들이 업무시간에서 20%가량을 스스로 호기심을 가지도록 한 결과 자율주행차(G-mail)를 탄생시켰다."라고 발표했다.[16] 또한, 그는 혁신적인 회사를 이끌려면 리더부터 호기심을 가져야 하며 직원들에게 자유로운 탐구에 몰두할 수 있는 자율성을 보장해야 한다고 언급했다. 구글에는 '20% 룰(Rule)'이란 규칙이 있다. 직원들의 업무시간의 20%를 호기심과 창의성을 기반으로 한 실험프로젝트를 허용하는 것이다. 실제로 이 규칙을 적용하여 직원들의 창의성을 계발할 수 있도록 했고 많은 성공사례를 만들었다.

미래 리더의 자질로 호기심은 필수다. 성공한 리더는 남다른 관점으로 문제의 본질에 접근하고 독창적인 해결법을 만들어 낸다. 성공한 사업가들은 대부분 호기심이 왕성하다. 본인의 직업과도 관련 없는 이야기에도 무척 관심 있게 귀를 기울인다. 성공한 리더들은 기본적으로 모르는 것을 탐색하고 문제를 해결하려는 욕구가 강하다.

 세계적인 물리학자 아인슈타인은 "나는 천재가 아니다. 다만 호기심이 많았을 뿐이다."라고 했다. 그의 호기심은 아버지가 선물해 준 나침반으로부터 싹트기 시작했다. 아파서 누워있는 아인슈타인에게 아버지는 나침반을 가지고 놀라며 주었다. "왜 나침반은 늘 바늘의 한 방향만 가리키죠? 왜 시계바늘처럼 돌아가지 않죠?"라며 그가 묻자 아인슈타인의 아버지는 나침반의 원리를 다정하게 설명해 주었다. 그 이후 아인슈타인은 다양한 사물에 호기심을 보이기 시작했다. 아인슈타인은 학교에서는 낙제를 일삼고 엉뚱한 이야기로 아이들에게 따돌림을 받았다. 하지만 아인슈타인의 어머니는 아들이 특별한 능력을 가지고 있다고 격려했고 그의 호기심을 키워 주었다. 그리고 그 호기심이 자라 역사상 가장 위대한 물리학자를 탄생시켰던 것이다. 이렇듯 과학자와 기업인을 비롯한 수많은 성공한 리더들은 바로 이 호기심으로 말미암아 인류와 역사의 발전을 이끌어 왔다.

긍정적인 사고는 생각하는 힘을 이끄는 방향이다

 프랑스의 소설가 베르나르 베르베르의 《상상력 사전》이란 책에 이런 이야기가 있다.[17] 1950년대에 어느 화물선에서 일어난 일이다. 포르투갈산 포도주를 운반하던 영국의 한 화물선은 물건을 내리기 위해 스코틀랜드의 어느 한적한 항구에 닻을 내렸다. 한 선원이 짐이 모두 내려졌는지를 확인하기 위해 냉동 컨테이너 안으로 들어갔다. 그 순간 컨테이너 안에 사람이 있다는 것을 모르는 다른 선원은 밖에서 냉동실 컨테이너 문을 닫아 버렸다. 갇혀 버린 선원은 문을 두드리고 소리쳤지만 아무도 그의 소리를 듣지 못하고 선박은 떠나 버렸다. 냉동실 안에는 넉넉한 식량이 있었다. 하지만 선원은 자신이 냉동실 안에서 오래 버틸 수 없다고 생각했다. 그는 가까스로 금속조각 하나를 찾아 냉동실 벽 위에 자신의 상태를 시간별 날짜별로 새겨나가기 시작했다. 그는 냉기에 얼어붙어 가는 자신의 상태를 기록했다. 그리고 동상의 상처로 말미암아 변해 가는 자신의 상태를 자세히 기록으로 남겼다.

선박이 리스본에 도착했을 때 선장은 냉동 컨테이너 안에서 숨겨 있는 선원을 발견했다. 선장은 냉동실 벽에 써진 선원의 기록들을 읽었다. 하지만, 정작 냉동실 안은 섭씨 19도였으며 냉동장치가 작동하고 있지 않았다. 선원의 죽음은 자신이 오로지 춥다고 생각하며 죽는다고 믿었기 때문이다. 우리는 생각한 대로 행동하고 믿는 대로 살게 된다. 긍정적으로 생각하는 힘은 자신을 살릴 수도 죽일 수도 있다는 것을 말해 준다.

부모는 아이가 긍정적으로 생각하게 하는 데 직접적인 영향을 주는 사람이다. 아이들은 부모의 생각을 그대로 배우고 본받기 때문이다. 아이들은 긍정적인 부모 밑에서 긍정적 생각을 키울 수 있다. 부모가 아이에게 "너는 도대체 누굴 닮아서 그러니?" "넌 안 돼." "넌 할 수 없어."라는 말들은 부정적인 감정을 더욱 키울 뿐이다. 조금 화가 나는 일이 있더라도 숨한 번 크게 들이마시고 마음을 가라앉히자. 만약, 아이가 부정적인 생각에 빠져 있다면 그런 생각을 긍정적인 방향으로 분리시킬 수 있도록 도와줄 수 있다. 아이 자신이 '나만 왜 이렇지? 난 할 수 없어.'라는 부정적인 생각을 하기보다 무엇을 하면 좋을지에 집중할 수 있도록 유도해 준다.

전략적 사고 키우기

"전략이란 생존에 중요한 역할을 하는 것으로써 삶과 죽음의 문제이기도 하며, 안전과 존망에 영향을 미치는 것이다. 어떠한 경우라도 전략을 소홀히 여겨서는 안 된다."

손자병법(孫子兵法)에 나오는 전략의 의미이며 전략의 중요성을 강조한 말이다. 전략적 사고란 목표를 정하고 그 목표를 달성하기 위해 방안을 찾아내는 생각 능력이다. "신에게는 아직 열두 척의 배가 남아 있습니다." 유명한 명언을 남긴 이순신 장군은 전략적 사고를 이용해 수많은 해전에서 승리를 거두었다. 당시 이순신 장군은 왜군보다 현저히 적은 함대를 가지고 싸워야 하는 불리한 상황이었다. 그는 고심 끝에 지형이나 기후를 이용하고 상대를 파악하는 등의 전략을 펼쳐 승리를 이끌었다. 대표적인 것에는 1592년 한산도 대첩에 사용한 학익진 전법이 있다. 마치 학이 날개를 펼친 모습과 흡사하게 함대를 배치해 적을 포위하는 방법으로 적을 물리쳤다 해서 비롯된 전법 이름이다.

전략적 사고를 키우기 위해서 지금 당장 목표를 정하고 계획을 세워 본다. 일단 쉽게 이룰 수 있는 그런 목표가 아니라 최대한 높은 목표를 잡아

보자. 그리고 그 목표를 달성할 수 있는 실행 가능한 단계적 방법들을 모색해 본다. 작은 것부터 여러 개의 목표를 이루어 가는 과정을 만들어 계획한다. 아이는 이 과정을 통해서 문제점들을 찾아내고 보완하고 발전시킬 수 있는 능력을 배운다. 어떻게 목표를 달성할 것인지 고민하는 과정에서 아이는 다양한 방법들과 아이디어들을 찾아낼 수 있다. 반복적인 목표설정과 과정을 통해 전략적 사고를 연습하게 되는 것이다. 앞으로 우리 아이들에게 전략적 사고능력이란 미래를 스스로 내다보고 그 미래에서 끊임없이 고민하고 자신을 성장시켜 나가는 능력이 될 것이다. 여기서 부모가 해야 할 일은 아이들이 문제를 스스로 해결하고 필요한 것을 얻게 되는 과정을 기다리면서 지켜봐 주는 일이다.

"왜 사과는 아래로 떨어지는 걸까?" 뉴턴이 만유인력의 법칙을 발견할 수 있었던 이유 중 하나는 바로 호기심을 가지고 질문을 시작했기 때문이다. 이처럼 인류의 발전에 탄생한 수많은 창조물들은 모두 호기심에서부터 시작됐다. 호기심을 바탕으로 한 전략적 사고를 올바르고 긍정적인 방향으로 길러 나가는 것이야말로 아이의 잠재력을 발휘할 수 있는 원천이 된다.

7
창의력은 조합하고
연결하는 데서 나온다

우리는 창의성이라고 하면 흔히 무에서 유를 만들어 낸다는 식으로 알고 있다. 그러나 창의성의 공식은 그렇지 않다. 창의성은 이미 존재해 있는 아이디어를 바탕으로 조합하고 연결하여 새로운 창조물로 선보이는 것이다. 20세기 가장 창조적인 화가로 유명한 피카소는 "유능한 예술가는 모방하고 위대한 예술가는 훔친다."라는 말을 남겼다. 이 세상에 새로운 것은 없으며 존재해 있는 것에 자신의 아이디어로 새로이 거듭나는 것을 창조라 한다.

창의력은 기존의 것을 조합하고 연결하는 데서 나온다

"잡스는 새로운 것을 만들어 낸 것이 아니다. 서로 다른 사물과 아이디어를 연결했을 뿐이다."《스티브 잡스 무한 혁신의 비밀》의 저자 카민 갤로는 말했다. 아이디어를 얻은 스티브 잡스는 바로 실행했다. 그에게 보인 아이디어를 놓치지 않았다. 그는 제록스 연구소에서 본 GUI 기반의 시스템을 보고 메킨토시를 만들었다. 또한, 개인용 컴퓨터의 대중화를 예견했던 그는 우아하면서도 실용적인 컴퓨터를 만들고 싶었다. 당시 그는 우연히 백화점진열대에 놓여있는 쿠진아트 믹서기에서 영감을 얻게 되었다. 1976년 이렇게 만들어진 것이 메킨토시 컴퓨터 형태의 애플2이다. 그리고 추후 개발된 아이폰은 기존의 컴퓨터, 아이팟 그리고 핸드폰 기능을 연결하고 조합한 것이었다.

1996년 미국 PBS 다큐멘터리 방송에 출연한 스티브 잡스는 "위대한 아이디어를 훔쳤다는 사실에 전혀 부끄럽지 않다."라고 말했다. 그렇다면 그는 어떻게 그렇게 말할 수 있었던 것일까? 그는 사물 그대로를 베끼고 모방한 것이 아니었기 때문이다. 다만, 그가 생각한 최고의 것을 발견하고 자신의 아이디어와 연결하고 조합시켰다. 그리고 전혀 새로운 결과물로 만들어 냈기 때문일 것이다. 스티브 잡스는 다른 두 개의 매체를 연결하여 하나의 창조물로 만들어 내는 뛰어난 능력을 보여 주었다. 이런 연결과 조합의 창의성은 단지 뛰어난 기업 리더에게서만 볼 수 있는 것은 아니다.

로이 리히텐슈타인은 앤디 워홀 등과 함께 미국의 대표적인 팝아트 화가이다. 우리에게는 '행복한 눈물'이라는 작품으로 더 잘 알려져 있다. 1960년대 만화의 장면들을 벤데이도트(Ben-day-dots), 일종의 점묘법을 사용하여 예술로서 창조했다. 만화라는 아이디어는 어디에서 나왔을까? 그의 아이들은 만화를 무척이나 좋아했다. 그는 만화에 푹 빠져 있는 아이들에게 만화 이미지를 그려 주면서 새로운 아이디어를 창출하기에 이르렀다. 그 당시 만화들은 미국 사회와 문화를 가장 잘 표현한 매체였고 그의 아이디어는 획기적이었다. 이처럼, 로이 리히텐슈타인은 만화를 바라보는 새로운 발상을 예술로 연결시킴으로써 새로운 가치를 창조해 낸 것이다.

IDEO의 대표이사인 톰 켈리(Tom Kelly)는 그의 저서 《유쾌한 크리에 이티브(Creative Confidence)》에서 한 여성을 인터뷰한 사연을 말했다.[18] 그 여성은 이미지 기반 소셜네트워크인 핀터레스트(Pinterest)에 자신이 만든 피나타 쿠키(멕시코에서 축제 때 만드는 다양한 색상의 종이로 장식한 조형물 모양의 쿠키) 사진으로 올렸다. 그 사진으로 그녀는 사진을 올릴 당시 몇 명의 친구만이 팔로워로 있었는데 입소문을 타고 단시간에 수만 명의 팔로워가 생겼다. 그녀는 핀터레스트 사와의 인터뷰에서 자신은 쿠키 레시피도 자신이 개발한 것이 아니라며 특별히 창의적인 사람이 아니라고 말했다. 하지만 그녀는 일상적이고 소소한 먹거리를 연결하여 조합하는 창의성을 보여 주었다. 우리 모두 창의적인 사람이 될 수 있다. 창의성은 멀리 있지 않다. 바로 내 아이 그리고 내 앞에 존재해 있는 것이다.

일상생활에서 흔히 볼 수 있는 주변 사물을 보면 창의력의 연결 개념을 떠올릴 수 있다. 옷에 사용하는 지퍼에서 영감을 얻어 개발된 음식물을 보관할 수 있는 지퍼락, 들러붙지 않는 프라이팬에서 아이디어를 얻은 테플론(음식이 들러붙지 않도록 프라이팬에 칠하는 물질) 코팅 다리미, 손걸레질 도중 아이디어를 떠올린 스팀청소기 등 모두가 가까운 주위에서 찾아낸 창의력의 산물이다.

창조할 수 있는 사물은 우리 주변에 그저 지나칠 수 있는 모든 것이다. 이런 관점에서 볼 때 모든 역사의 창조물은 존재되어 있는 것의 재탄생이라고 해도 과언이 아니다. 여기서 잠깐 생각해 보자. 창의성이 존재해 있는 그 무엇과 다른 아이디어의 조합물이라면, 존재해 있는 그 무엇을 어떻게 찾을 수 있을까? 아이들이 창의성으로 연결할 수 있는 씨앗을 어디서 얻을 수 있을까?

창의력의 씨앗을 키워나가는 방법

1. 취미활동

베스트셀러《생각의 탄생》의 저자이며 창의성 연구의 세계적 석학 로버트 루트번스타인(Robert Root-burnstein) 미국 미시간주립대(MSU) 교수는 창의성을 기를 수 있는 방법으로 이렇게 말했다. "노벨상을 받은 사람들의 공통점으로 특이한 것은 모두 취미가 있다. 노벨상을 받은 사람들은 보통 사람들보다 취미활동을 17배에서 22배 더 많이 한다. 몰두하는 일 이외에 자신이 아이처럼 호기심을 가지고 배우는 취미활동을 통해 다양한 경험을 쌓아야 한다."[19] 다시 살펴보면 노벨상을 받은 과학자들뿐만 아니라 널리 알려진 미술가들 역시 다양한 취미활동을 했다.

레오나르도 다빈치는 르네상스 시대를 대표하는 천재적 미술가이자 과학자였다. 그는 그림을 그리지 않는 시간에는 과학실험이나 발명품 연구 등 미술 이외의 다양한 활동을 했다. 그의 그런 관심은 미술과 과학을 조합하여 대작들을 탄생시키는 연결고리 역할을 했다. 아인슈타인 역시 발명을 하는 시간 이외에 어릴 적부터 배운 바이올린을 연주하는 것을 취미로 삼았다고 한다. 그들은 취미활동을 통해 자신의 분야와 전혀 다른 분야의 경험들을 토대로 새로운 영감을 얻고 창의성을 발휘할 더 많은 재료를 얻은 것이다.

아이들이 어릴 때부터 예체능이나 다양한 분야에 관심을 가지고 취미활동을 하는 것은 매우 중요하다. 아이들은 취미활동을 함으로써 공부로부터의 스트레스를 해소할 수 있고 공부 이외의 다른 분야에 도전하여 성취감과 때로는 실패를 경험할 수 있다. 잦은 시도와 실패는 많은 경험을 쌓게 하고 그 과정을 통해 창의성을 발휘할 씨앗을 구할 수 있다.

2. 해외여행이나 모임 등을 통해 낯섦을 경험한다

낯선 문화나 다른 삶의 방식을 경험하는 것은 창의성의 원천이라고도 할 수 있다. 아이들은 이러한 경험을 토대로 색다른 관점을 배우며 생각할 수 있는 힘을 키우게 된다. 가족 여행을 간다면 휴양지나 해외의 명소 등을 찾아 시간을 보낼 수도 있으나 그저 물놀이나 휴식만을 위한 여행이 아닌 문화체험에 중점을 두어보는 것이 좋다. 어린 시절에 여행을 가는 것은 창의성의 씨앗들을 모으는 귀중한 시간이다. 여행을 통해 경험한 다양한 문화적 체험들을 차곡차곡 쌓아나가며 되도록 많은 경험을 할 수 있도록 해야 한다. 또한, 다양한 체험학습이나 해외연수 등은 낯설음을 경험할 수 있어 상상력을 키우는 데 도움이 된다. 해외 다수 명문대들은 대학교 초년생들에게 해외 교환학생 프로그램을 장려하고 있을 정도로 낯선 경험의 중요성을 강조하고 있다.

창조적인 아이디어가 혼자만의 시간을 가지며 명상에 잠겨 '앗' 하는 순간에 나온다면 이 세상 사람들은 모두 과학자가 되고 노벨문학상을 타고 억만장자가 되었을 것이다. 창의적 생각은 다른 사람들과 소통하고 정보를 교류하며 나와 다른 사람들의 생각들이 연결되어 독창적인 열매를 맺을 때 비로소 탄생한다. 애플의 창의력이나 유명학자 그리고 예술가들의 창조물 또한 그들이 경험했던 것을 새로이 다른 아이디어로 연결할 수 있었던 것에서 나온 것이다. 그러한 능력은 그들이 다른 사람들보다 많은 경험을 쌓고 그 경험들을 토대로 더 많이 생각했기 때문에 가능할 수 있었다. 창의력은 타고 나는 것이 아니다. 누구든 창의력을 계발하고 발휘할 수 있다.

8
창의적이고 생산적인 뇌를 만드는 멍 때리는 시간을 아까워 말라

수업시간, 창문 밖 먼 산을 바라보다 지적을 당한 경험이 있는가? 멍 때리는 것을 바라보는 시선이 곱지만은 않다. 아이들이 방과 후 집에 돌아와 넋 놓고 있는 것을 보고만 있는 부모도 별로 없을 것이다. 우리는 항상 무엇에 집중하면서 살고 또 살기를 원한다. 물론, 집중을 하면 문제를 해결할 수 있는 방법을 찾을 수 있고 좋은 결과를 얻을 수 있다. 하지만, 건강한 몸을 유지하기 위해서는 휴식을 취하듯 두뇌도 휴식이 필요하다. 하루에 몇 분이라도, 해야 할 집중을 멈추고 멍하니 있는 것은 두뇌의 건강을 지키는 것은 물론 창의력을 발휘할 수 있는 힘을 키워 준다.

우리의 뇌는 휴식이 필요하다

"이 왕관이 순금으로 만들어진 것인지 은이 섞여 있는지 알아내라. 단, 왕관을 절대로 손상시켜서는 안 된다." 왕관에 은이 섞여 있다는 의문을 품은 왕은 명령했다. 하지만 저울에 달아 봐도 왕관과 순금의 무게가 같아 물증이 없는 상황이었다. 고대 그리스의 철학자이자 수학자 아르키메데스는 왕으로부터 명령을 받고 고민에 빠진다. 그는 휴식을 취하러 들어

간 목욕탕에서 자신이 탕 속에 들어가자 우연히 흘러넘치는 탕 속의 물을 보고 '유레카'를 외치면서 문제를 해결했다. 바로 부력의 원리를 발견한 것이다. 그는 무게 또는 질량 즉, 같은 질량의 금과 은이라도 그 밀도가 다르다는 점에 착안했다. 금왕관과 같은 무게의 순금덩어리를 저울에 달아 물속에 넣어 흘러넘치는 물의 양이 다른 것을 보고 금관이 순금이 아닌 것을 증명했다. 영감이 떠오르거나 해결책이 나왔을 때 하는 말의 대명사가 된 '유레카'는 멍하니 휴식을 하던 중에 나온 역사적 말이다.

우리의 뇌는 밀려오는 인터넷의 정보와 스마트폰 그리고 집중해야 할 일들로 쉴 틈이 없다. 무의식중에 우리는 끊임없이 무언가에 집중하고 살고 있다. 영화를 보거나 음악을 듣는 것을 휴식이라고 생각하면 오산이다. 그 와중에 우리의 뇌는 정보를 받아들이고 기억하느라 쉴새 없이 일을 하고 있으니까 말이다. 더 위험한 것은 한 번에 여러 가지 일을 처리하는 멀티태스킹이다. 멀티태스킹은 뇌에 있는 전두엽의 기능을 저하시켜 판단력을 흐리게 하고 심지어 불면증과 스트레스까지 유발한다. 과유불급이다. 무엇이든 지나치면 문제가 된다. 마치 우리의 뇌가 고장 난 나침반처럼 방황하게 돼 버리는 것이다. 그렇다면, 어떻게 뇌의 건강을 지킬 수 있단 말인가?

뇌의 건강을 지키는 방법은 바로 멍 때리기다. 집중할 것을 잠시 내려놓고 다른 어떤 것에도 집중하지 않는다. 아무 생각도 하지 않고 뇌를 자유롭게 만드는 것이다. 타인이 보기엔 넋 나간 사람처럼 보일지 모른다. 하지만, 멍 때리기를 하는 동안 뇌 속에서는 거미줄처럼 얽혀 있던 수많은 정보들이 차곡차곡 정리되며 미해결 된 문제들도 처리될 수 있다. 무엇인가를 담으려면 먼저 비워야 하듯 뇌 또한 마찬가지로 새로운 정보를 입력하려면 기존의 정보를 정리해야 한다.

멍 때리기는 창의력을 키운다

우리는 어렸을 때부터 집중하기를 강요받았다. 공부는 집중해서 해야하고 무엇이든 마찬가지다. 그래서 집중은 모든 좋은 것이고 집중하지 않는 것은 옳지 않다고 배웠다. 집중이 성공의 기본 공식인 것은 분명하다. 하지만, 세계적으로 유명한 사람들 중에는 집중하지 않고 멍하게 있다 심각한 문제를 해결하거나 창의적인 아이디어를 발견해 왔었다. 뉴턴은 사과나무 아래 멍하니 있다 떨어지는 사과를 보고 만유인력의 법칙을 생각해 냈다. GE의 잭 웰치 전 회장도 날마다 1시간씩 창밖을 멍하니 바라보는 버릇이 있었다고 한다.

2001년 미국의 신경과학자 마커스 라이클 박사는 사람들이 눈을 감고 아무런 생각이 없는 상태, 즉 멍 때리기 상태에 빠졌을 때 뇌의 특정부위가 활성화 되는 것을 발견했다.[20] 이 부위를 '디폴트 모드 네트워크(DMN; Default Mode Network)'라고 한다. '디폴트'의 개념은 '초기화' 또는 '기본'을 뜻하며 '디폴트 모드 네트워크'는 간단히 말해 '기본 초기화 상태'라 할수 있다. 라이클 박사에 따르면, 생각을 해야 될 때는 뇌 영역의 활동이 줄어들고 오히려 아무 생각도 하지 않는 상태일 때 활성화되는 부분이 있다는 것을 밝혀냈다. 그리고 이 부분이 창조성의 근원이라고 말했다. 인간은 외부로부터 차단되고 휴식을 취할 때 자신의 내면에 가지고 있는 생각, 감정, 그리고 기억들과 교차하게 되는, 말하자면 자기성찰을 경험하고 자신을 되돌아보게 만든다. 또한, 디폴트 모드 네크워크의 잦은 활성화는 내면의 성찰에 힘입어 다른 차원의 경험을 하게 만들고 타인에게 공감하게 되며 창의적인 아이디어를 떠오르기 쉽게 한다는 것이다.

아무 생각이 없이 멍하니 있으면 작업 수행 능력이나 집중력이 떨어진다고 여겼던 기존의 인식을 뒤엎는 연구결과도 있다. 미국 코넬 대학 연구팀은 여러 얼굴 사진을 차례로 보여준 뒤 현재 보는 사진이 바로 전 단계에서 보았던 사진의 인물과 동일한지를 맞추는 실험을 실시했다. 그 결과 대부분 실험자가 디폴트 모드 네트워크가 활성됐을 때 유명인의 얼굴을 보다 빠르고 정확하게 맞추었다는 것이다. 이 같은 결과는 학생들의 과제성과와의 연관성에서도 볼 수 있다. 신기하게도, 학생들은 아무 생각 없이 있을 때 뇌 혈류량이 증가했으며 새로운 아이디어를 내는 과제에서도 높은 점수를 취득했다고 한다. 이처럼 멍 때리기는 창의력은 물론 집중력과 기억력에도 많은 영향을 준다. 멍 때리기를 통한 뇌의 디폴트 모드 네트워크의 활성화는 복잡한 뇌의 환경을 정리해 줄 뿐만 아니라 다양한 실행능력을 발휘할 수 있는 쉼터라고 할 수 있다.

창의적인 뇌를 만들기 위한 효과적인 방법

집중하지 않는 것을 부정적으로만 본다면 창의적으로 발전하는 것을 막는 것임에 분명하다. 집중하는 일상에 집중하지 않는 자유로운 시간을 더하여 자신의 인지 리듬을 만드는 것이 이상적이다. 애플의 스티브 잡스는 "업계를 불문하고 사람들은 다양한 경험을 쌓아야 한다. 그것은 연결할 점들을 충분히 만들어 내고 폭넓은 관점을 갖추게 하여 차원 높은 해결책을 고안해 낸다. 경험에 의한 이해의 범위가 넓을수록, 보다 훌륭한 디자인을 만들어 낼 것이다."이라고 했다.

아인슈타인이나 피카소 같은 창의적인 천재들도 창의력을 발휘한 분야는 다르지만 모두 디폴트 모드 아이디어가 매우 활발했다. 두 사람 모두 뇌의 집중을 벗어난 자유로운 사고를 통해 연결할 점들을 발견해 내고 영감을 얻어 창조적인 결과물을 창출한 것이다. 아이들이 공부나 관련된 일에 집중하는 시간 이외에 스스로 사색할 수 있는 여유를 허락해 주어야 한다. 아이들은 집중하지 않고 뇌의 휴식을 취하는 시간에 다른 경험들을 생각하고 체험할 수 있기 때문이다. 그렇다면, 효과적으로 뇌를 휴식하고 자유롭게 하는 방법은 무엇일까?

몸을 움직이는 신체적 놀이나 산책은 뇌를 휴식하게 하는 데 많은 도움을 준다. 피로감을 느껴 잠을 푹 자거나 충분한 휴식을 취했는데도 계속되는 피로감은 뇌가 지쳤다는 신호이다. 운동이 우리 신체를 좋게 한다는 것은 누구나 다 아는 상식이다. 그러나 운동을 하게 되면 뇌에 새로운 신경세포가 생기게 되고 의식까지 바꾼다는 것을 아는 사람은 많지 않을 것이다. 뇌의 특정 부위 신경세포가 운동을 통해 쉽게 생성된다. 미국 피츠버그 대학교 연구팀은 일주일에 10㎞ 이상 걷는 사람들의 뇌를 자기공명영상으로 촬영해 걷기를 거의 하지 않은 사람들의 집단과 비교해 보았다.

걷기를 한 사람들은 걷기를 하지 않은 사람들에 비해서 뇌의 전두엽이 평균 16%나 커졌다고 발표했다. 전두엽의 역할은 우리 뇌에서 고차원적인 기능인 의사결정이나 멀티태스킹 등의 담당을 한다. 이처럼 운동을 하면 뇌의 휴식을 취하게 할 뿐만 아니라 기능까지 활발하게 한다. 아이들이 밖에서 친구들을 만나고 스포츠를 즐기는 것은 뇌의 휴식을 취하는 좋은 방법이며 타인과의 공감 또한 경험하게 할 수 있다.

하루 중 몇 분이라도 디지털 기기 없이 가만히 앉아 생각을 잠시 쉬는 시간을 갖도록 한다. 학습 중에도 여러 가지 일을 하는 멀티태스킹을 가급적 줄인다. 공부할 때에는 스마트폰이나 이어폰 등은 자제하는 것이 좋다. '파킨스 법칙(Parkinson's Law)'에 따르면 마감시간을 설정하는 것이 학습에 대한 집중도를 향상시키고 학습의 효과를 높여 준다고 한다. 그러므로 공부시간은 50~90분 간격으로 마감시간과 휴식시간을 적절히 배분하여 주는 것이 좋다. 90분 이상의 학습시간은 자제하고 단 5분이라도 반드시 뇌가 휴식을 취할 수 있도록 한다. 오래 앉아 많은 양의 공부를 했다고 좋은 것만은 아니다. 적당한 뇌의 휴식은 오히려 학습효과나 뇌의 건강에 지대한 도움을 줄 수 있다.

명상은 생각 비우기다. 뇌가 휴식을 취하기 가장 좋은 방법이기도 하다. 비틀즈의 팝송 중에 'Let it be'라는 명곡이 있다. 제목과 노래 가사는 여러 의미로 해석되나 때로는 닥친 상황을 순리에 맡기거나 내버려 두라는 뜻을 함축한다. 생각하는 것을 잠시 멈추고 쉬어가라는 것이다. 명상에는 여러 가지가 있지만 내가 가장 즐겨 하며 하기 쉬운 명상으로 '호흡 명상'을 권하고 싶다. 조용한 곳에 앉아서 아무 생각 없이 호흡에만 집중하면서 평온함을 느껴보는 것이다. 깊고 시원한 호흡을 통하여 하루 몇 분이라도 행복을 느껴보는 건 어떨까?

9
창의력을 키우는
디자인적 사고

"오늘날 한 나라의 부와 개인의 복지는, 자신이 예술가인지도 모른 채 교실에 앉아 있는 미래의 예술가들 손에 달려 있다. 풍요롭고 부유해졌지만, 자동화와 화이트칼라 업무의 아웃소싱으로 혼란을 겪고 있는 우리는 어떤 직업을 갖고 있든 상관없이 예술적인 감수성을 길러야만 한다. 물론 누구나 살바도르 달리(Salvador Dali)나 파블로 피카소(Pablo Picasso) 같은 위대한 화가가 될 수는 없다. 하지만 그럼에도 불구하고 우리 모두는 '디자이너'가 되어야 한다." 《새로운 미래가 온다》에서 저자 다니엘 핑크(Daniel Pink)는 말했다.

디자인은 단순히 사물이 이루어진 외형이나 아름다움 그 자체로 치부되기 쉽다. 하지만 디자인의 본질을 이해하면 디자인이란 사물이 조합을 이루는 매개체 역할을 하는 중요한 요인이라는 것을 알게 된다. 어떠한 분야에서도 필요로 하는 것이 디자인이다. 예를 들어, 기술과 디자인이 조합되어 제품을 만드는 것을 비롯하여 여러분이 읽고 있는 책까지 디자인이 포함된다.

지금 여러분이 있는 장소를 한번 둘러보자. 어느 하나 디자인이 되어 있지 않은 곳이 없다. 가까이 입고 있는 옷이나 신발을 보라. 앉아 있는 의자나 가구들을 보아도 모두 디자인으로 이루어져 있다. 디자인은 우리 생활의 일부이다. 디자인(Degisn)이라는 단어는 'de'와 'sign'의 조합이다.[21] 'de'는 '무언가를 따로 떼어 낸다'는 의미로 생각하는 과정을 말한다. 'sign'은 '그것을 만들어 낸다 또는 그려 낸다'라는 의미를 가지고 있다. 디자인은 우리가 흔히 생각할 수 있는 '시각적인 아름다움의 자체'보다는 '문제를 조합하거나 변형시켜 가면서 만들어 나가는 것'으로 볼 수 있다. 사물의 관찰을 통해 다르게 생각하고 새로운 의미를 찾아서 그것을 공감할 수 있도록 만들어 낸다는 것이다.

디자이너들은 유심히 관찰하고 서로 소통하면서 같이 공감할 수 있도록 그려내고 만들어 내는 능력이 뛰어나다. 언뜻 보기에 같아 보이지만 다르게 사고한다. 디자이너의 이런 역량을 이용해 전략으로 응용한 것이 디자인적 사고방식이다. 디자인적 사고방식은 제품과 서비스의 기획, 마케팅 그리고 생산의 모든 과정에서 디자이너들의 감수성과 사고방식을 적용해 고객과의 공감을 통해 혁신적이고 창의적인 효과를 창출해 내는 전략이다. 단순히 멋진 외형을 만드는 것이 아니라 제품의 근본적인 특성과 인간을 위해 해결해야 할 핵심과제를 풀어나가는 사고방식을 말한다. 예를 들어, 의자를 디자인한다고 가정해 보자. 디자인의 진행은 어디서부터 시작될까? 보통의 경우, 의자의 구조와 형태 그리고 사람의 무게를 지탱할 수 있는 프레임의 소재나 등받이 등을 우선 생각해 볼 수 있다. 그렇지만, 디자인적 사고의 출발점은 기존의 제품을 디자인하는 것과는 좀 상이하다. 다시 말해, 의자를 디자인하는 게 아니라 '사람이 앉아 그 무게를 견딜 수 있는 방법을 디자인하는 것'을 의미한다. 스탠퍼드 대학의 D스쿨 그리고 독일의 IT기업인 SAP에서 이것을 산업과 경제의 새로운 경영방식으로 주목했다.[22] 그리고 경영혁신의 전략으로 접목하기 시작했다. 디자인적 사고방식을 도입해 막대한 성공을 이루고 있는 기업을 살펴보자.

요즘 핫한 무선 청소기, 날개 없는 선풍기 하면 떠오르는 브랜드가 있을 것이다. 바로 다이슨이다. 다이슨은 '비틀즈' 이래 가장 성공한 영국기업으로 '영국의 애플'이라는 찬사를 받았다. 다이슨은 독특한 컨셉과 아름다운 디자인으로 디자인 업계에서도 정평이 나 있다. 창업자 제이슨 다이슨은 영국 왕립 미술학교에서 산업디자인을 전공했다.[23] 그는 자신의 이름을 가진 기업을 설립하기 전부터 엔지니어링과 산업디자인을 조합한 제품을 개발했던 실력 있는 디자이너였다. 그런 다이슨의 능력은 '먼지봉투 없는 청소기'의 개발로 이어졌다. 하지만 당시 그 제품은 너무 획기적이었고 청소기업체들은 제품을 외면했다. 청소기업체들에서는 먼지봉투의 매출이 좋았고 굳이 먼지봉투가 없는 청소기를 만들어야 할 이유가 없었기 때문이다. 다이슨은 자신이 새로 산 청소기가 먼지봉투 때문에 성능이 저하되는 것을 보고 결심을 하게 된다. 결국, 다이슨은 파산 직전의 상황과 우여곡절 끝에 5년간의 5127개의 시제품을 거쳐 자신의 제품을 출시하게 된다.

다이슨 매장 전경

그의 철학은 기능에 집중하여 문제를 해결함으로써 독창적인 디자인을 창조해 내는 것이었다. 이어, 어린아이들이 손가락을 다치기 쉽다는 불만으로부터 아이디어를 얻어 '날개 없는 선풍기'를 출시했다. 날개가 더러워져 매번 청소를 해야 하는 불편함과 아이들의 안전을 해결한 제품이다. 다이슨의 제품은 사람들이 느끼는 문제에 공감하고 그 문제해결을 위해 디자인을 고안해 나가는 디자인적 사고를 바탕으로 한다. 제임스 다이슨은 말했다. "디자인은 기능을 따른다. 디자인은 기능을 생각할 때 자연스럽게 창조되는 것이다."

다이슨 이외에도 혁신적인 디자인의 힘을 보여 주고 있는 애플, 에어비엔비, 무인양품(Muji), 미국 주방용품업체 옥소(Oxo) 등 다수기업들이 디자인적 사고 전략을 전개하고 있다.

아이들이 디자인적 사고를 가져야 되는 이유

"Standford Social Innovation review"에서 미국의 디자이너이자 브랜드 전략가인 셰릴 헬러(Cheryl Heller)는 이렇게 말한다.[24] "디자인은 새로운 것을 창조하고 연결과 협업을 통해 내면의 의미를 발견하게 한다. 또한, 미처 알지 못했던 것을 알아내게 하고 해결방법을 구축할 뿐만 아니라 최근 사회 전반에 걸쳐 새로운 패러다임을 만드는 계기가 되게 하고 있다." 사회를 변화시키는 데 있어 모든 것은 디자인의 대상이 된다는 것이다. 실제로 인간관계를 이루는 모든 과정이라고 할 수 있는 디자인적 사고는 위에서 언급한 바 있는 기업 등의 비즈니스나 의료분야, 정치 등 모든 분야에서 다양하게 활용되고 있다. 의사소통에서부터 미디어, 진행형식, 시스템, 전략 등 많은 것들이 디자인을 통해 활용된다. 각각 분야별로 세부적인 진행방식이나 사용되는 도구들은 모두 다르겠지만, 효과적으로 사용되었을 경우 매우 뛰어난 결과를 창출해 낼 수 있다.

앞서 말한 바처럼, 디자인적 사고는 더 나은 세상을 만들고 살기 좋은 사회를 만드는 데 지대한 역할을 한다고 할 수 있다. 그렇다면, 이렇게 모든 분야의 발전을 아우르는 디자인적 사고가 아이들에게도 필요한 것일까? 그렇다. 어릴 때부터 디자인적 사고를 배우는 것은 삶의 방식을 알아나가는 것과 유사하다. 부모 안에서 자신만을 알던 아이들이 학교나 사회생활을 해 나가면서 부딪히는 현실을 인식하고 문제와 역경을 해결해 나가는 과정을 학습해야 한다.

미국 어린이들의 경우, 유치원에 입학하면서부터 '보여 주고 말하기

(Show & Tell)' 수업을 한다.[25] 이 수업은 어떤 주제나 물건 등을 주제로 친구들 앞에서 정해진 시간 안에 발표하는 것이다. 프레젠테이션의 첫걸음마로도 볼 수 있다. 아이들은 이런 수업을 통해서 친구들에게 자신의 생각을 설명할 수 있는 학습을 하게 되고 타인의 의견을 받아들이는 훈련을 하게 된다. 디자인적 사고는 융합 인재교육인 S.T.E.A.M(Science, Technology, Engineering, Art, Mathemetics) 교육과정과 상통한다. 중학교와 고등학교로 이어지는 토론방식의 수업은 정답을 찾는 주입식 교육에서 벗어나 여러 측면으로 볼 수 있는 문제풀이과정을 발견해 내는 학습이라 할 수 있다. 특정한 지식이나 기술을 가르쳐 뛰어난 결과물을 만드는 데 치중하는 것보다 다양한 생각들을 유추해 내는 과정을 배우는 것이 바로 디자인적 사고이다. 디자인적 사고는 과학과 예술 과목들 그리고 수학과 음악 등 다른 과목들의 내용들을 통합적으로 연결하고 적용하는 사고력을 키운다.

스티브 잡스는 디자인에 대해 이렇게 말했다. "디자인은 인간이 만든 창조물의 가장 근원이 되는 본연의 성질이며 창조물을 통하여 가치와 자신의 내면을 드러내는 것이다." 디자인은 개개인의 본질을 드러낼 수 있는 통로이며 사회의 가치를 만들어 낼 수 있는 큰 힘이다. 보다 나은 사회를 만들어 가고 아이들이 행복한 삶을 살아나가기 위해 디자인적 사고의 힘은 앞으로 더욱 절실할 것이다.

Part 3

매력적인 아이가 성공과 행복
모두 얻을 수 있다

10
내 아이를 천재로 만들 수 있는
고전인문학

2008년 봄, 중학교 2학년이 된 딸아이는 미국 유학을 가기로 선택했다. 초등학교 5학년 여름방학 때 2주간 갔었던 호주캠프에서 동기부여와 자신감을 얻은 후부터 유학의 꿈을 키우고 있었다. 미국 워싱턴 주 작은 마을에 있는 사립여자기숙학교 8학년에 입학했다. 미국에 도착해서 처음으로 부모와 떨어져 혼자 지내기 시작했던 아이가 기숙사에 들어간 지 얼마 지나지 않아서의 일이다. 집에 오고 싶다고 한국에 다시 가고 싶다고 울먹이며 전화가 왔다. 아이가 극구 가겠다고 해서 간 유학이라 내 마음은 아이를 데리고 오겠다는 마음에 벌써 미국행 비행기를 타고 있었다. 하지만, 우선 아이를 진정시켜야겠다는 마음에서 타이르면서 학교생활의 이런저런 이야기를 물어보았다.

아이는 자신이 받은 수업시간 이야기를 얘기해 주면서 "엄마는 성선설을 믿어 아님 성악설을 믿어?" 느닷없이 물어보았다. 아이의 질문에 나는 잠시 머뭇거렸다. "글쎄."라고 답했지만 아이는 자신의 인문학(Humanity) 수업에 대해 흥미로웠다는 듯이 이야기를 이어갔다. 수업의 내용을 잘 이해하지 못하는 부분도 있었지만, 한국에서 이미 여러 번 읽었던 다수의 고전과 인문학 서적 등 초등학교 때부터의 꾸준한 독서가 많은 도움이 되었다고 말했다. 미국사립학교의 인문학수업은 여러 권의 인문학 책을 읽고 수업 중에 질문과 각자의 생각을 발표하는 형식이다.

사실 미국 사립 중고교의 고전 인문학 독서량은 놀라울 정도이다. 아이들이 읽은 책은 열띤 토론으로 의견을 교환하며 수업을 마친 후에는 에세이를 작성하는 과제물로 자신의 생각을 표현한다. 고전 인문학을 통해 서로 질문하고 답하며 스스로 생각하게 만드는 것이다. 이런 과정을 거치면서 학습력은 물론 사고력과 창의력 또한 키워진다. 딸아이는 이 학교의 인문학수업만큼은 어렵고 난이도 있는 수업이었다고 말한다. 8학년 첫 인문학 선생님의 열정적이고도 힘들었던 수업 때문인지 고등학교 인문학수업은 그 깊이를 더할 수 있었다고 회상했다.

인문고전을 배워야 하는 이유

얼 쇼리스는 국내에도 도입돼 점차 진행되고 있는 '희망의 수업'의 창시자이자 미국 교육 운동가이다. 그는 인문학을 읽고 배우는 것은 사람들의 인생을 바꾸는 엄청난 힘을 가지고 있다는 것을 실천을 통해 보여 준다.

우연한 기회에 교도소를 방문하게 된 얼 쇼리스는 한 여죄수와 이야기를 나누게 된다.[26] 그녀의 이름은 비니스 워커, 19살 때 살인사건에 연루되어 수감 돼 8년째 복역 중이었다. 얼 쇼리스는 물었다. "사람들이 왜 가난하다고 생각하나요?" 그러자 여죄수는 이렇게 답한다. "가난한 사람들은 가난하지 않은 사람들이 누리고 있는 정신적인 삶이 없기 때문이에요. 연주회나 공연, 강연, 박물관 등을 통하여 정신적인 삶을 접할 여유와 기회가 없어서 제대로 생각하고 현명하게 대처하는 방법을 몰라 가난을 벗어날 수 없죠." 그녀는 일자리나 돈에 대해서는 한마디도 말하지 않았다. 얼 쇼리스는 가난한 사람들에게는 물질적인 삶도 중요하지만 인문학을 통한 자존감의 복구와 삶의 의미가 무엇보다 절실하다는 것을 깨달았다.

마침내 1995년, 그는 노숙자, 알코올중독자, 죄수, 성매매 여성 등을 학생으로 모아 놓고 정규 대학 수준의 인문학 강좌 '클레멘트(Clemente) 인문학 코스'를 시작했다. 그는 차비도 없는 그들에게 교통비를 나누어 주면서 철학, 예술, 논리, 역사를 가르쳤다. 그의 그런 시도를 색안경을 끼고 보는 사람도 많았다. 고등학교도 제대로 마치지 못한 사회 불량자들이 소포클레스의 《안티고네》를 읽고 플라톤의 '동물의 비유'를 토론한다는 사실을 믿을 수 없었다. 한 끼 먹을 것도 걱정인 사람들에게 고전학이라니? 직업교육이라면 이해가 가지만 고전교육은 의외라고 생각했다. 하지만 얼 쇼리스는 가난한 사람들에게 그저 직업교육이나 시키는 것은 본질을 치유하는 것이 아닌 얕은 동정심에 지나지 않는다는 것을 알고 있었다. 그는 가난한 사람들에게 자신들이 왜 가난한지 문제를 깊이 생각하고 자신의 인생에 의미와 가치를 깨닫게 해 주는 것이 진정 그들을 돕는 일이라고 생각했다.

얼 쇼리스는 "부자들은 인문학을 배웁니다. 여러분은 지금껏 아무것도 몰랐던 겁니다. 인문학은 세상을 잘 살기 위해서 또 제대로 생각하기 위해서 배웁니다. 나아가 무력적이고 힘든 일이 닥쳤을 때 올바른 판단을 하기 위해 반드시 필요한 공부입니다." 참여자 31명 중 17명이 끝까지 수업에 나왔고, 이 17명은 모두 대학에 진학하거나 취직에 성공했다. 가장 중요한 점은 이들이 인생을 대하는 태도와 인문학을 통해 터득한 어휘력이 눈에 띄게 향상되었다는 것이다.

가난한 사람들을 계속 가난하게 만드는 것은 무엇이었을까? 자신이 누구인지 세상이 어떻게 돌아가는지, 무엇이 옳은지 판단하는 힘이 없기 때문이다. 단순노동, 낮은 급여, 반복된 직업훈련과 무기력에서 벗어나는 방법은 바로 인문학을 배우는 것이었다. 수료증 외에는 아무것도 보장하지 않는 수업이었지만 수료 후에 그들은 완전히 다른 사람들이 되어 있었다. 그들은 말한다. "인문학을 배우기 전에는 폭언과 폭력을 일삼았었죠. 그런데 이젠 그런 행동을 하지 않아요. 나 자신에 대해 말할 수 있고 나를 지키는 방법을 알게 되었거든요."

이처럼 고전인문학은 사람들의 일차원적이고 생각 없는 감정들의 행동을 자제시키고 그들에게 무엇이 중요한지를 알게 해 준다. 가난하고 낙오된 사람들이 자신을 설명할 수 있고 그로써 가치 있는 삶을 살아가는 것은 그들이 가질 수 있는 희망이자 권리이다.

장한나는 세계적인 명성을 얻고 있는 첼리스트이자 지휘자이다. 그녀는 음악전공자임에도 하버드 대학교에 입학한 뒤 철학과를 선택했다. 왜 그런 결정을 했을까? 그녀가 하버드 철학과를 진학한 이유는 지휘자 주세페 시노폴리의 권유 때문이었다.[27] 그는 장한나에게 진정으로 위대한 음악가가 되려면 반드시 인문고전을 배워야 한다며 하버드 대학교 철학과를 추천했다. 자신의 음악적 성찰을 키우기 위해 인문학적 바탕이 기본이 되어야 한다. 우리는 철학을 통해 자신의 내면을 들여다보는 인문학적 힘을 기를 수 있다. 프랑스 태생의 중국계 첼리스트 요요마가 하버드 대학교 인문학 학부를 졸업한 것도 역시 같은 이유였을 것이다.

천재들을 만든 인문고전의 힘

음악 이외에 미술과 과학 분야 그리고 수학, 과학의 천재들까지 모두 인문학에 대한 열의는 대단했다. 레오나르도 다빈치, 피카소, 샤갈 마티스, 아인슈타인, 데카르트, 에디슨 등 세계적인 천재들 중 고전 인문학에 대한 애착이 없던 사람은 찾기 힘들다. 인문고전독서는 낮은 성적이나 사회에 대한 부적응자 그리고 둔재들도 천재로 만드는 신기한 비밀이 있다. 어린 시절에는 상상도 못했던 아이들이 인문고전을 통하여 세계를 움직이는 영향력 있는 인물로 변화하는 마법 같은 힘이다.

윈스턴 처칠은 영국의 정치 명문가에서 태어났으나 어린 시절 성적도 하위권에 전교 꼴찌를 도맡아 해왔다. 그의 어머니는 그런 처칠에게 독서 훈련을 시켰는데 그것은 인문고전을 읽는 것이었다. 그는 하루 다섯 시간 이상의 인문고전을 읽으며 독서에 심취했다. 그는 수많은 명연설로 영국인들의 우상이 되었고 마침내 노벨문학상까지 받게 된다. 그의 심취적 인문고전 독서는 그의 두뇌를 변화시키는 가장 큰 요인이었음을 보여 준다.

《리딩으로 리드하라》에서 이지성 작가는 인문고전 독서를 '제대로' 공부하면 누구라도 천재가 될 수 있다고 말한다.[28] 여기서 말하는 '제대로'란 일반적인 독서가 아니라 상상을 초월할 정도의 엄청난 독서의 질과 양 그리고 사고하며 읽는 방법을 말하는 것이라고 강조한다. 미국의 천재를 만드는 교육법의 한 가지로 어릴 때부터 고전 인문학 독서교육을 혹독하게 시키는 것과 유사하다. 꼴찌를 도맡아 했던 에디슨을 발명왕으로 만든 어머니의 인문고전독서의 훈련은 얼마나 길고도 험했을까 생각해 보게 만든다. 두뇌를 변화시켜 인생을 변화시키는 독서는 지식을 습득하는 수준이 아닌 두뇌의 사고방식을 새롭게 하는 훈련이다.

고전 인문학을 읽는 것은 따로 어려운 난관을 통하지 않고도 아이의 역경지수를 높일 수 있는 매우 좋은 방법이다. 왜냐하면, 고전 인문학을 제대로 읽는 것이 매우 힘들기 때문이다. 아이가 고전 인문학을 읽는다는 것은 쉽지 않기 때문에 적절한 부모의 유도가 요구된다. 쉬운 책을 읽는 것에 비해 처음엔 내용을 읽기도 이해하기도 힘들다. 아이의 입장에서는 이런 어려운 책을 읽는다는 점에 많은 인내가 필요하다. 어떤 초등학교 학생은 고전을 처음 접하고 두통을 유발하여 앓아누울 정도로 힘들어했다고 한다. 하지만 두 번 세 번 지속적으로 책을 읽고 나서부터는 재미를 더하게 되고 책을 읽는 것이 점점 수월해졌다고 한다. 아이가 인내심을 가지고 책을 읽고 생각하는 습관을 들인다면 어느덧 점차 내용을 이해하게 되고 또 분석하게 만들 수 있다. 초등학교 시절, 가능하면 중학교 입학 전에 고전 인문학 독서교육을 시작해야 한다. 다소 어렵지 않은 것부터 기초를 다져 두면 학년을 올라가면서 접하게 될 단계별 고전 인문학의 이해가 쉽고 빠르기 때문이다.

우리나라 현 학교 교육과 타 영재교육들도 천재를 만들어 내는 고전 인문학에 대한 관심을 가질 필요가 있다. 기존 논리를 터득하고 암기하는 식의 교육이 아니라 자신이 누구인지 성찰하는 힘을 기르고 세상의 이치를 알고 무엇이 옳은지 올바로 판단하는 힘을 기르는 교육을 해야 한다. 나아가 존재의 가치를 생각하고 올바른 삶의 방향과 질을 높이는 방법을 모색하는 교육을 말한다. 가장 중요한 것은 가정에서 부모 스스로가 고전 인문학을 접하고 성장하는 모습을 보여 주면서 미래 리더가 될 우리 아이들의 구심점이 되어야 한다는 것이다.

11
난 할 수 있어!
마법처럼 생겨나는 아이의 자신감

모든 부모들은 자신의 아이가 자신감을 갖기를 원한다. 실제로, 아이의 자신감은 타고나기보다는 부모의 양육 태도와 환경으로부터 많은 영향을 받는다고 한다. 아이가 자신감을 가지고 성장하기 위한 필수적인 요소는 무엇인지 그리고 부모의 중요한 역할에 대해 알아보기로 한다.

자신감은 자기효능감에서부터 시작한다

스웨덴의 산골 마을에서 자란 10대 초반의 군데르는 숲속에서 달리는 것을 무척 좋아했다.[29] 그러던 어느 날 군데르와 아버지는 군데르가 얼마나 빨리 달리는지 확인해 보기로 했다. 군데르의 아버지는 마침 1500m 정도 되는 길을 찾아내었고 달리는 시간을 재었다. 군데르가 결승지에 도달하자 아버지는 4분 50초를 기록했다며 극찬하며 격려해 주었다. 이 기록은 10대 초반이라는 나이에 너무나도 놀라운 것이었다. 군데르는 자신이 달리기에 소질이 있음을 믿고 이후 육상선수로의 훈련을 시작했다. 결국, 그는 세계기록을 여러 번 간파한 대단한 육상선수가 되었다.

훗날 그의 아버지는 군데르의 원래 기록이 5분 40초였지만 아들의 열정과 격려를 위해 과장되게 얘기했다고 사실을 말했다. 당시 군데르는 그의 대단한 기록을 듣고 본인의 능력에 대한 믿음을 확인했다. 이런 믿음을 '자기효능감'이라고 한다. 자기효능감은 미국 스탠퍼드대 심리학과 교수 알버트 반두라(Albert Bandura)에 의해 소개된 개념이다. 어떠한 목표나 일을 할 때 성공적으로 실행할 수 있다는 기대나 믿음을 말한다. 학생들에게는 특정 과제나 학습을 자신이 얼마나 잘 할 수 있느냐를 스스로 판단하는 것이다. 자기효능감은 자기 안에 잠재해 있는 동기를 찾아내서 실천해 나가는 힘이다.

'교수를 가르치는 교수'란 별명을 가진 교수법 전문가 켄 베인 박사는 그의 저서 《최고의 공부》에서 흥미로운 탐구결과를 밝혔다.[30] 켄 베인 박사는 자신이 계속 발전할 수 있다고 믿는 즉, 자기효능감이 높은 학생들이 눈앞의 성적만을 목표로 하는 높은 지능의 학생들보다 결국은 사회적 성공을 이루게 된다는 점을 강조했다. 단지 높은 성적만을 위해 공부하는 학생들은 실패를 두려워하며 자신의 능력에 대한 믿음 즉, 자기효능감이 낮기 때문이라고 말했다. 실제로 수많은 대학생들이 학업성적에 대한 불안감과 자신에 대한 믿음이 부족해 심각한 우울증에 처해 있다고 한다. 아무리 현재 좋은 성적을 내고 뛰어난 두뇌와 능력이 있다 해도 이런 상태를 지속적으로 뒷받침해 줄 자신감과 내면의 동기가 없다면 배움을 유지하고 발전시킬 수 없다는 얘기다. 켄 베인 박사는 외적으로 나타나는 동기인 학업성적이나 단적인 성과에 치중하는 것보다 자신의 내재적 동기를 찾아내는 것이 더 중요하다고 강조한다.[31] 예를 들어, 자신이 좋아하는 것에 대한 강한 호기심이나 성취감 등에서 비롯되는 내적 동기를 말한다. 자기효능감이 높은 학생이란 어려운 문제해결에 적극적이며 자신의 내면의 힘을 믿고 도전하는 학생이라 할 수 있다. 이렇듯 자기효능감이 높은 아이들은 자신이 가치 있고 능력 있는 사람이라고 믿는다. 또한, 자신이 스스로 판단, 실행력을 발휘하고 나아가 어려운 과제도 도전해 보려고 노력한다. 그러면, 아이의 자기효능감을 높이는 방법은 무엇일까?

자기효능감 높이는 방법 3가지

첫째, 작은 성공 경험을 쌓아 간다.

우선 작은 성공 하나를 이루면 '나도 이 정도는 할 수 있어.' 하며 마음이 뿌듯해지면서 자신에 대한 믿음이 생겨난다. 아이 자신이 인정한 능력이니 아이의 마음에 자신감의 나무가 자라기 시작하는 것이다. 이루기 힘든 어려운 목표나 계획보다 쉽게 실천할 수 있는 목표들을 정해 계속 달성해 나갈 수 있도록 하자. 일상의 작은 성공들은 작은 성취감을 맛보게 한다. 그 작은 성공들이 눈덩이처럼 쌓여 지속적인 성공을 위한 발판이 된다. 만약 아이들이 아직 이런 경험이 없더라도 사소한 일상들을 통해 이루어 나갈 수 있다. 지금부터라도 작은 목표를 만들면 된다. 그리고 하나씩 실행에 옮겨 성공의 묘미를 맛보게 되면 자기효능감을 높일 수 있는 밑거름이 된다.

둘째, 다른 사람의 성공 스토리를 듣거나 성공 도서를 읽는다.

비슷한 또래 또는 멘토가 될 만한 사람들의 성공스토리를 접하면서 자극을 받아 의욕을 일깨울 수 있다. 다른 사람들의 인생 경험이 아이들에게 동기부여를 느끼게 한다. 이것은 책을 통하여서도 성공하게 된 과정과 노력의 의지를 느끼게 할 수 있다. 성공스토리나 성공사례 등은 아이들 마음속에 내재돼 있는 성취 욕구를 샘솟게 하는 역할을 한다. 이미 이룩해 놓은 성공적인 결과를 보면서 미래의 가능성을 상기시켜 주는 것은 강력한 촉매제이다. 졸업 후 다시 학교에 방문한 대학 입학 선배의 입학 성공담이나 대학 생활 이야기도 아이들에게 동기부여를 주고 자기효능감을 높이는 데 효과가 있다.

셋째, 자신에게 영향력이 있는 사람의 지지와 칭찬을 받는다.

아이들에게 선생님이나 부모님 그리고 다른 영향력 있는 조력자의 인정과 지지는 자신의 능력에 대한 믿음을 키워 준다. 어느 초등학교에서 다음과 같은 실험이 진행됐다. 아이들에게 지능테스트를 한 후, 실제 결과와는 다른 결과를 담임교사에게 전달했다.[32] 교사는 무작위로 고른 여러 명의 아이들에게 "너희들은 능력이 있다."라고 말하고 아이들은 선생님이 말한 사실을 믿게 되었다. 실제 테스트 결과와는 무관한 사실이었는데도 말이다. 1년 후, 놀랍게도 능력이 있다는 말을 들은 아이들은 다른 아이들보다 월등히 높은 학습능력을 보여 주었다. 교사의 말 한마디가 아이들 자신들의 믿음을 가지게 하고 그들의 잠재력을 일깨워 준 것이다.

아이들은 자신이 믿고 존경하는 사람들의 영향을 받는다. 영향력을 줄 수 있는 사람은 부모나 형제자매 또는 선생님이 될 수도 있다. 그런 사람들의 칭찬이나 인정을 받으면 자기효능감이 높아질 수 있다. 믿고 따르는 아버지의 한마디 칭찬이 군데르를 엄청난 육상선수로 만든 것처럼 말이다. 어린 시절부터 칭찬을 많이 받고 자란 아이들은 대부분 자기효능감이 높다고 한다.[33] 학교에서뿐만 아니라 사회에 나가서도 마찬가지다. 실제로 선생님이나 회사 상사에게 칭찬을 많이 받은 사람은 가면 갈수록 성취능력도 높아진다는 연구결과도 있다. 다만 중요한 것은 그저 막연한 지지나 칭찬이 아니라, 구체적으로 아이의 능력에 대한 정확한 판단과 이 능력이 어떤 성과를 낼 것인지에 대한 확신이 있을 때만 효과적이라는 거다.

아이의 자신감은 부모의 사랑과 믿음에서부터 나온다

어른과 마찬가지로 아이들도 자신감이 없다면 아무것도 할 수 없다. 공부도 다른 어떤 일도 자신감은 가장 필요한 요소이다. 그렇다면, 아이의 자신감은 어떻게 길러야 할까? 무엇보다도 가장 기본이 되는 것은 부모의 사랑이다. 아이는 부모의 사랑을 머금고 살기 때문이다. 가정에서 부모조차도 사랑하지도 않는데 그 누가 내 아이를 사랑해 줄 것인가 생각해보자. 사랑은 표현이 가능할 때 제대로 전해진다. 사랑한다고 제대로 말하자. 부모로부터 사랑받고 있다고 느끼는 아이는 자신이 소중하다는 자존감을 배우게 된다. 그런 아이는 용기와 자신감을 가지고 어떤 일이든지 잘 해결해 나갈 수 있는 자신감을 가지게 된다. 부모로부터의 진심 어린 관심과 애착 형성이 이루어지면 아이는 자연히 건강하고 굳건한 자신감을 키울 수 있는 힘이 생긴다. 건강한 자신감이 밑거름이 된다면 어떤 상황이 와도 용기를 잃지 않고 앞으로 전진할 수 있다.

아이를 무조건 믿어 주자. 아이는 부모가 자신을 믿고 지지해 주면 상상을 초월한 능력을 발휘할 수 있다. 아이는 자신을 믿는 부모에 대한 책임감이 생기고 부모의 기대에 어긋나지 않도록 노력하려고 할 것이다. 아이들은 부모들이 생각하는 것보다 훨씬 똑똑하다. 아이는 부모가 믿어줄 때 용기를 얻는다. 반대로 부모가 아이의 한계를 마음대로 정해 놓고 "넌 게으르잖아." "그 아이는 머리가 좋잖아." 하는 식의 말들은 아이의 부정적인 생각을 키우게 한다. 어릴 적부터 그런 말들을 들으면서 자란 아이들은 중학생, 고등학생을 거쳐 성인이 되어서도 매사 부정적인 사고방식으로 살아간다. 오래전 나 자신도 공부하러 방에 들어간다는 딸아이를 믿지 못한 적이 많다. 책상에 앉아 있는 아이를 확인하려 수차례 방문을 열어보고 확인하곤 했다. 나의 불안한 마음을 알아채 버렸던 아이는 그럴 때마다 공부할 마음이 확 달아나 버렸다고 얘기했다. 내가 왜 그때 그런 불안한 마음이었을까 반추해 보면 아이에 대한 믿음이 부족했기 때문이다. 유치원이나 초등학교 시기에는 특히 자신을 믿어 주는 사람에 의해 의존한다. 이 시기에 부모는 아이를 충분히 믿어 주어 튼튼한 자신감의 뿌리를 내릴 수 있도록 도와줘야 한다.

아이들이 부모에게 가장 바라는 것은 무엇일까? 바로 자신을 믿어 주는 것이다. 아이들은 부모에게 자신을 믿어 주는 마음을 가장 바라고 있다.

늘 믿음의 마음과 말을 건네주어 아이의 자신감을 키워 주어야 한다. "엄마는 네가 잘 해내리라고 믿어. 실패와 어려움이 있어도 포기하지 않고 도전하며 행복하게 네 삶을 살아가리라고 믿는다." 아이는 부모의 사랑과 믿음 그리고 자기효능감을 바탕으로 행복한 자신감을 얻을 수 있다.

12
웃길수록
성공한다

"한 남자가 신문에 이런 광고를 냈습니다.

'아내 구함'

그러자 이틀 만에 삼백 통의 편지가 도착했습니다.

그런데 모든 편지의 내용이 똑같았습니다.

뭐라고 적혀 있었을까요?

정답은 바로 '제 아내를 데려가세요.'"

유머는 사람의 마음을 사로잡는 마법 같은 것이다. 아빠가 웃으면 엄마가 웃고 아이도 따라 웃는다. 유머는 웃음과 행복을 함께 전파한다. 유머 감각이 뛰어나면 가정이나 사회에서 분위기 메이커로서 환영받고, 때로는 위기가 닥친 상황에서 보다 쉽게 극복할 수 있다. 그렇다면 유머가 아이들에게 주는 영향은 무엇일까? 유머는 아이들에게 창의력과 사회성을 키워 주고 긍정적인 마인드를 가지게 한다. 웃음을 주고 유머가 있는 아이들 주변에는 항상 친구들이 모인다. 자연스럽게 사교성이 만들어지는 것이다.

어린아이는 선천적으로 유머 감각을 가지고 태어난다. 한 연구 조사에 따르면 어린이들은 하루에 보통 300번 정도 웃는다고 한다. 그런데 어른이 되면 7번 정도밖에 웃지 않는다고 하니 성장할수록 웃음이 없어진다는 얘기다. 어릴 때부터 유머 감각을 가지는 아이들은 사교성이 있고 또래 친구들에게도 인기가 많다. 유머를 말하는 것도 하나의 기술이다. 유머를 말하려면 우선 그 유머에 대한 내용을 이해해야 하고 대부분 암기해야 한다. 이러한 암기력은 지적능력과 연관되며 다른 유머에 공감한 것을 타인에게 들려주면서 자신도 공감과 감성능력을 높이는 것이다.

이거 유머인가요?

빌 게이츠의 아버지가 얘기했던 일화이다. 아들 빌 게이츠가 어릴 적 말썽만 피우고 급기야 엄마에게 대들자 아들의 얼굴에 컵에 든 물을 쏟았다. 빌 게이츠가 웃으며 "아빠, 샤워시켜 줘서 고마워요."라고 말했다. 어린 나이에 그가 이런 감정을 조절하며 유머로 넘겼다는 것은 놀라운 능력이다. 이러한 여유 있는 태도와 넉넉한 마음가짐은 자신의 감정을 조절하는 능력과 부모와의 원만한 관계에서 나온다. 그의 여유 있는 태도와 유머 감각은 아버지로부터 비롯된 듯하다. 그의 아버지는 훗날 아들이 마이크로소프트사를 이끌며 성공을 한 것을 이렇게 고백한다. "말썽꾸러기 사고뭉치인 아들을 누가 고용할까 했는데 저놈이 나를 고용했다."

소크라테스의 웃지 못할 일화다. 그의 아내는 돈은 안 벌어오고 날마다 삶의 의미, 우주의 섭리만 깊이 생각하고 있는 남편이 미워 욕을 하며 물한 바가지를 쏟았다. 그러자 소크라테스가 웃으며 "천둥이 치고 나면 폭우가 쏟아지는 법이지." 여유는 유머를, 유머는 웃음을 선사한다.

유머는 아이의 창의력을 길러준다

노벨상을 휩쓸고 세계사의 위대한 인물들을 배출해 내는 유대인은 창의성의 민족이라 불린다. 유대인은 전 세계에 흩어져 숱한 핍박 속에 살아왔지만, 농담과 유머를 생활화해 왔다. 그들은 친구끼리는 물론 부모와 자식 그리고 다른 친구들 간에도 유머를 주고받는다. 부모와 자식 간의 유머는 대화의 장을 만들어 주고 화목한 집안 분위기를 만들어 준다. 또한, 학교 안의 교실에서의 친구들과의 유머는 긴장감을 풀어 주고 공부에 지친 마음을 위한 가뭄 속의 단비와 같다.

《왜 유대인인가》의 저자 마빈 토케이어는 유머가 가지는 '의외성'이 창의성의 기초가 된다고 언급한다. '의외성'이란 생각이나 기대 또는 예상과 전혀 다른 성질이다. 즉, 예측하지 못한 생각이나 발언을 말한다. 이런 '의외성'의 서로 전혀 다른 생각들을 연결해 기존의 고정관념을 깨고 유머라는 반전이 터진다. 유머는 생각의 반전에서 새로운 것을 탄생시키는 창의성에 좋은 영향을 준다는 것이다.[34] 유머는 경직된 사고의 수준에서 벗어나 자유로운 사고를 탄생시키는 작업이다.

유머 있는 아이가 성공한다

유머나 농담을 일컫는 히브리어 '호프마'는 지혜, 예지를 의미한다. 유대인들은 유머를 단순한 농담이 아닌 수준 있는 지적 활동이라고 여기는 것이다. 유대인으로 세계적 금융재정 가문의 로스차일드는 자신의 무기는 유머라고 말한다. 아인슈타인도 노벨물리학상을 수상 하는 자리에서 유머의 중요성을 강조했다. "유머는 나를 이 자리에 설 수 있도록 성장시켰고 내가 보여 줄 수 있는 압도적인 능력은 조크였다."라고 웃으며 말했다. 유대인들은 내성적이고 조용한 사람은 성공하기 힘들다고 생각한다. 성실하지만 생각이 유연하지 못하면 상상력이나 창의적인 사고가 불가능하기 때문이다. 여유가 있고 웃음을 잃지 않는 유머는 유대인 성공의 저력이다.

아이에게 유머 감각이 없다면 창의적이고 리더십 있는 인재로 성장하기 어렵다. 유머는 틀에 박히고 고정된 사고에 자유를 준다. 딱딱하고 긴장된 관계를 부드럽게 만들어 주는 지혜의 마술봉이다. 유머를 함에 있어서 자신을 무너뜨리고 바보처럼 행동하는 것이 품위 없다고 생각하는 사람도 많이 있을 것이다. 하지만 사실 그렇지 않다. 타인에게 매너 없이 피해를 주고 정서지능이 낮은 행동을 하는 것이 진정 품위가 없는 것이다. 재미있는 발언, 희귀한 발상, 바보라고 생각될지 모르지만 엉뚱한 이야기들을 하며 아이들을 웃기는 아이가 미래의 빌 게이츠나 아인슈타인이 된다.

유머의 효과

이렇듯 성공의 조건이라고도 불리는 유머가 아이들에게 주는 좋은 점들은 무엇이 있을까?

첫째, 유머감각은 아이의 사회성을 길러준다. 아이들과 잘 사귀고 좋은 관계를 유지하게 하는 힘을 기르게 한다. 보통 마음의 여유가 있고 자신감이 있는 아이들이 유머를 널리 애용하며 친구들에게 인기도 있다. 많은 연구 조사에서 여성들이 가장 호감을 가지는 유형의 남자 1위가 바로 유머 있는 남자인 것처럼 말이다. 또 유머는 웃음을 자아내어 감정을 다스리는 효과를 준다. 잠시 웃는 동안 행복한 감정을 느끼게 되고 우울한 감정을 극복하게 한다. 부모 자신이 무뚝뚝하거나 감정적이고 억압적인 부모가 아닌지 생각해 보아야 한다. 처음엔 어색하더라도 부모부터 유머를 키우도록 노력해야 아이들도 유머를 가지게 된다. 유머는 자기중심적인 사고를 바로 잡고 사교성을 키워 주어 왕따가 되지 않도록 예방해 주기도 한다.

둘째, 유머는 정신적으로나 육체적으로 건강한 아이를 만들어 준다. 웃음은 '만병통치약'이란 말이 있을 정도니 말이다. 많이 웃을수록 몸도 마음도 건강해진다. 잘 웃지 않거나 밥을 잘 먹지 않는 아이, 자주 질병을 앓는 아이라면 유머라는 처방을 써 보는 것도 좋은 방법이다. 아이와 자주 놀아 주고 대화하고 웃어 주는 가정에서 건강한 아이가 자란다.

아이의 유머감각을 키우는 데 도움이 되는 방법

유머감각은 어릴 때부터 키워 주는 것이 좋다. 성인이 되어 유머감각을 배우기가 쉽지 않기 때문이다. 아이들은 천성적으로 유머의 기질을 타고 난다. 어린 시절부터 유머를 자주 접한 아이들은 잘 웃고 질문이 많으며 감정표현에 탁월하다. 아이는 놀이를 통해서 많은 것을 배운다. 유머도 마찬가지로 놀면서 키울 수 있다. 아이는 놀이를 통해 자신은 재미있는 아이이고 다른 사람들을 즐겁게 해 줄 수 있다는 것에 자부심을 느끼며 성장할 수 있다. 아이가 보여 주는 작은 유머나 개그에 박장대소하며 웃어 주는 것이 좋다. 오버 리액션을 한다 싶어도 아이는 그런 부모로부터 자신감을 얻는다. "하하하 너무 재밌네!" "웃겨서 기절하겠네!" "어떻게 그렇게 재밌는 얘기를 만들어 내니?"라고 호들갑 떨며 칭찬과 찬사를 보내자. 아이의 얘기에 귀 기울여 주고 뜨거운 반응을 할수록 아이와 부모 모두 유쾌해진다. 생후부터 청소년까지 유머감각을 키우는 방법은 다양하지만, 부모의 노력이 필수이다.

21세기 경쟁력은 소통과 문화에서부터다. 유머야말로 많은 학자들의 연구에서 증명된 소통의 윤활유다. 유머가 넘치는 가정에서 자라는 아이는 여유로운 소통을 통해 자연스럽게 유머 감각을 익힐 수 있다. 반면 무뚝뚝한 부모 밑에서 자란 아이들은 좀처럼 호기심이나 질문도 없고 감정표현에 서투르다. 아이들이 사회에 나가 일원이 되고 타인들과의 원활한 관계를 유지할 수 있도록 유머를 키워 주어야 한다. 웃음이 가득한 가정에서 자란 아이는 행복하다.

13
덕업일치, 취미가
돈과 직업이 되는 시대

"천재는 노력하는 자를 이길 수 없고 노력하는 자는 즐기는 자를 이길 수 없다." 논어(論語)에서 나온 공자(公子)의 말씀이다. 배움과 놀이의 즐거움의 중요성을 강조하는 말이다. 즐기고 몰두하고 연구하고 싶은 그 무언가를 찾아내는 것은 아이의 창의력을 발전시키고 열정을 발휘할 수 있는 원동력이 된다.

'덕업일치'란 덕질, 즉 취미와 직업이 일치했다는 뜻인데 자신이 깊은 관심을 가지고 빠져있는 분야를 직업으로 삼는 것을 의미한다. '덕후'라는 말을 들어본 적 있을 것이다. '덕후'는 일본어의 '오타쿠'에서 유래된 말인데 특정 대상에 집착적 관심을 갖는 사람들을 일컫는다. 자신이 좋아하고 관심 있는 분야에 빠져 그것을 아예 직업으로 택한 이들을 보고 "덕업일치 했다."라고 표현한다. 한때 '덕후'는 자기만의 세계에 갇힌 사회부적응자 같은 시선을 받았지만, 지금은 아니다. "그 일이 밥 먹여 주냐"는 이제 옛말이 되었다는 얘기다. 바야흐로 덕후들의 전성시대가 된 것이다. 자신이 좋아하는 일이나 취미를 하는 것도 즐거운데 그것으로 돈을 벌 수 있다면 얼마나 즐거울까? 말처럼 쉬운 길만은 아니지만, 덕업일치를 이루어 성공한 사람들은 많이 있다.

유튜브의 신, 대도서관 나동현 대표

　덕업일치가 관심을 끄는 가운데 특이한 직업을 가지고 엄청난 성공을 이루어가는 이들도 있다. 바로 '게임을 대신 해 주는 사람'으로 널리 알려진 '유튜브의 신' 대도서관 나동현 대표이다. '1인 미디어계의 유재석'으로 불리는 나동현 대표는 게임방송으로 성공한 유튜버다. 그는 "어린 시절 게임을 좋아했고 게임을 하면서 수다 떠는 것을 더 좋아했다."라고 말한다. 그는 취미와 재능을 발판으로 서른의 나이에 인터넷방송에 입문했고 현재 무려 170만 명의 유튜브 구독자를 거느리고 있다. 그는 게임을 무척 좋아했지만 높은 실력은 아니었다고 한다. 본래 '게임BJ'라고 하면 게임을 잘하기 위한 방법을 전수해 주는 사람이다. 하지만 그는 그에 맞는 차별화된 방법과 다져진 실력으로 유튜버의 1인자가 된다. 바로 게임에 스토리텔링을 더해 예능처럼 유쾌하고 흥미롭게 진행하는 독특한 방법이었다.

　사실 그의 성공비결이 특별히 비범한 것은 아니었다고 말한다. 그는 그가 정말 좋아하고 잘할 수 있는 것을 찾아냈고 그것을 꾸준히 공부하고 발전시켜온 피나는 노력의 결과였다. 그가 처음 유튜버가 되겠다고 했을 때 주변 사람들은 쓸데없는 짓이라고 했지만, 그는 옳았다. 언론의 한 인터뷰에서 그는 "자신이 좋아하고 관심 있는 분야에 집중해야 한다."고 강조한다. 보다 중요한 것은 자신이 남들보다 조금이라도 더 알거나 더 잘

하는 분야가 있다면 누구든지 잘 나가는 1인 크리에이터가 될 수 있다고 말한다. 좋아하고 잘하는 분야에 끊임없는 노력과 열정이 더해지면 엄청난 성공을 거둘 수 있다는 사례를 잘 보여 주고 있다.

세계 전기차의 개척자 T3 CEO 남기영 대표

어릴 적 가졌던 관심이나 취미를 꾸준히 개발하여 직업으로 발전시킨다면 그보다 더 큰 성공이 있을까? 게다가 새로운 취미를 발견해 훗날 아빠가 되어서도 또다시 다른 꿈을 꾸고 사업으로 성공시켜 미국 내 상위 1 프로 부를 거머쥔 미국계 한국인이 있다.[35] 바로 전 세계에 전기 스쿠터로 녹색바람을 일으킨 T3모션 한국인 CEO 남기영 대표이다. 그는 어린 시절 무전기를 만나면서 운명이 바뀌었다.

초등학교 시절이었다. 등하교길 버스 정류장 근처 문구점에 진열돼 있던 무선 무전기를 보고 그는 마냥 신기해했다. 그러던 그에게 아버지의 무전기 선물은 운명이었을까? 그는 밤낮으로 무전기에만 몰두할 정도로 무전기 놀이에 푹 빠졌다. 얼마 후 온 가족이 미국으로 이민을 가게 되었는데 미국에 가서도 그의 무전기에 대한 애착은 식을 줄 몰랐다. 틈틈이 아마추어 무선통신 동호회 활동을 했고 주말이면 미국인 친구들과 어울리며 무선통신을 했다. 덕분에 서툴렀던 영어를 빨리 배울 수 있었다. 이런 활발한 활동들 때문인지 낯선 미국문화에 대한 적응도 빨라 취업도 수월했다. 그는 방위 산업체에 입사해 무선장비조립을 담당하게 되었는데 어린 시절 취미로 능숙해진 무선장비에 대한 작업능력은 남달랐다. 남들은 일주일이 걸릴 일들을 그는 하루면 끝낼 수 있었다. 그의 실력은 상사의 눈에 띄어 승진도 빨랐다. 초등학교 때부터 관심을 가지고 놀았던 무전기는 그의 인생에 커다란 영향을 미쳤던 것이다. 그는 부모님이 그의 진로에 대해 "네가 즐기는 일을 선택하라."라고 하시면서 크게 간섭하지 않으셨던 것이 큰 도움이 되었다고 회상했다.

승승장구하며 젊은 나이에 무선통신회사가 성공한 덕분에 일찍 은퇴하게 된 그는 세계 곳곳을 여행하며 또 다른 취미를 발견하게 된다. 평소 아이들을 데리고 사막이나 야외에 가서 4륜 오토바이를 타는 것을 즐겼다. 오토바이에 심취해 가던 그는 어느 순간부터 오토바이 전문가가 되어 있었다. 그는 시중에 큰 인기를 얻고 있던 오토바이가 턱없이 고가인데다 안정성에도 문제가 있는 것을 발견하고 직접 제작에 나섰다. 미래를 바라보는 안목이 있었고 열정이 있었던 그는 새로운 사업이 돈에 연연하지 않고 사회에 공헌할 수 있는 일이면 좋겠다고 생각했다. 그러다 뛰어든 것이 전기차 사업이었다. 당시 전기차 시장은 크게 활성화되지 않아 위험부담도 컸다. 하지만 개발 초기 몇 년간은 취미라 생각하고 관심 있는 엔지니어들을 불러 모았다. 사장 본인이 즐기며 개발자가 되니 직원들도 밤샘을 마다하고 열심히 일했다. 그 결과 고유가 시대에 저렴한 유지비와 공해가 전혀 없는 전기스쿠터를 탄생시켰다. 마침내 그가 만든 전기스쿠터 'T3모션(Motion)'은 펜타곤과 뉴욕경찰국, LA경찰국 등 대도시 경찰국과 주요 공항 등 미국의 핵심관문에서 이용되고 있다.

남기영 대표는 꿈이나 직업을 멀리서 찾지 말라고 말했다. 그리고 본인이 좋아하는 일을 하게 되면 덤으로 아이디어도 샘솟게 되고 열심히 일하다 보니 능력도 인정받게 된다고 얘기했다. 남기영 대표는 관심 있는 일을 열정을 가지고 실행해 나간다면 최고가 될 수 있다는 것을 증명해 주고 있다.

통 큰 사업가 테슬라 CEO 일론 머스크

스마트카 테슬라와 스페이스X의 CEO인 일론 머스크는 세계적인 자수성가 사업가다. 물론 평탄하기만 했던 길은 아니지만, 주목해야 할 점은 사업 아이템의 창업 취지이다. 그는 그저 부의 축적이나 기업의 혁신을 위해서가 아니라 세상을 위해 할 수 있는 것을 찾은 결과라는 점에서 높이 평가된다. 일론 머스크는 1971년 남아프리카공화국 프리토리아에서 태어났다. 전기기계 공학자인 아버지의 영향을 받은 그는 어린 시절 컴퓨터 프로그래밍에 재능을 보였으며 사업가적인 기질도 다분히 있었다. 컴퓨터 게임에 푹 빠져 있던 그는 12살에 '블래스타(Blastar)'라는 우주 비디오 게임을 직접 제작해서 500달러를 받고 기업에 팔기도 했다. 어린 그는 그 돈을 다시 주식으로 투자했으며 제법 큰 이익을 남기기도 했다. 그의 나이 24살에 '집투(Zip2)'라는 인터넷 기반 정보제공 회사를 차린다. 그의 첫 창업이었다.

창업 4년 후인 1999년, 그는 집투를 매각하고 온라인 금융서비스를 제공하는 '엑스닷컴(X.com)'이라는 새로운 회사를 창립한다. 엑스닷컴은 온라인 결제서비스인 페이팔을 인수 합병하고 다시 페이팔은 다른 기업으로 인수되어 마침내 그는 억만장자 대열에 합류하게 된다. 일론 머스크는 원대한 사업적인 안목을 가지고 있었으며 동시에 폭넓은 인간관계와 뛰어난 리더십으로 엄청난 성공을 이루어 냈다.

현재 그는 이제 그의 시선을 지구에서 벗어나 우주로 돌리고 있다. 2002년 세 번째로 창업한 스페이스 엑스(Space X)는 화성개척과 건설의 그의 원대한 꿈을 담은 회사이다. 지구에서만 아닌 우주를 개척하여 새로운 사업기반을 제공하겠다는 포부이다. 일론 머스크는 단지 부에만 집착하는 사업가가 아닌 인류의 생존과 발전에 기여하는 통 큰 기업인이다.

주변에 대학을 졸업하고 직장을 다니면서도 적성에 안 맞아 고심하거나 다른 직장으로 전전하는 경우를 많이 볼 수 있다. 단지 회사의 인지도와 높은 보수에 이끌려 자신과 맞지도 않은 회사에 입사해 재능을 썩히는 사람도 종종 있다. 또 아무 생각 없이 대학원에 진학해 고학력 실업자로 허송세월을 보내는 경우도 적지 않다. 요즘, 아이들은 스펙은 많은데 딱히 좋아하는 것이 없어 방황하게 되는 현실이 안타깝다. 좋아하지도 관심도 없는, 자기 분야가 아닌 곳에서 일한다는 것은 똥통에 빠진 진주와도 같다. 아무리 진주가 아름답고 고운 빛을 가졌더라도 맞지 않는 환경에서는 그 아름다움을 발할 수 없다.

그러면, 덕업일치를 성공하려면 어떻게 해야 할까?

첫째, 아이가 관심 가지고 있거나 좋아하는 분야가 있다면 좀 더 집중적으로 파고들어야 한다. 물론 그렇게 하는 과정에 지대한 노력과 즐거움이 있어야만 성공할 수 있다. 매사에 관심 있는 분야는 그냥 지나치지 말고 몰입할 수 있는 그 무언가를 찾아라. 그것에 빠져 몰입하는 동안은 힘들다는 것도 잊으며 그 깊이를 더하고 마침내 베테랑이 되는 것을 경험하게 된다.

둘째, 덕업일치의 성공사례만 생각하며 성공과 돈에 연연하는 것보다는 그 덕질을 통해 아이가 얻게 되는 즐거움과 행복감에 무게를 두는 것이 현명하다. 덕업일치가 좋아하는 것을 열심히만 해서 성공한다는 보장이 없기 때문이다. 덕업일치의 지름길은 우선 행복한 덕후가 되는 것이다.

취미가 직업이 될 때 자신은 그 일이 재미있고 신나는 일이기에 더 열심히 노력할 수 있다. 내가 미치도록 좋아하는 것이 무엇인가를 알고 찾아내는 것은 엄청난 행운이자 행복해지는 지름길을 발견하는 것이라고 해도 과언이 아니다. 아이가 공부만 성실히 한다고 좋아할 일도, 쓸데없는 짓만 한다고 좌절할 일도 아니다. 지금부터라도 아이가 호기심을 가지고 있는 일이 무엇인지 관찰하고 다양한 체험과 도전을 통해 진정 좋아하고 열정을 발휘할 수 있는 그 무언가를 찾아나가야 한다. 덕업일치로 성공한 사람들은 자신이 좋아하는 꿈과 함께 재능도 갖추어야 한다고 말한다. 꿈은 자신이 열정적으로 하고 싶은 일인 동시에 실력을 인정받을 정도로 잘 할 수 있는 일이면 더욱 효과적이다. 아이에게 더 중요한 것은 좋아하고 잘하는 일을 통해서 진정한 나를 찾고 행복해지는 것이다.

14
최고의 유산은 부를 만들고 지키는 지혜를 물려주는 것

사랑하는 내 아이에 대한 진정한 바람은 무엇일까? 아마도 아이가 성공하여 행복한 삶을 살아나가는 것이 아닐까 생각된다. 전 세계 억만장자의 30%를 차지하는 유대인의 성공에는 부모의 경제교육이 가장 큰 영향을 미쳤다고 한다. 지금 우리 아이들은 경제를 터득하는 능력과 습관을 가르쳐야 한다. 4차 산업혁명이라는 불확실성의 시대를 올바로 헤쳐 나갈 능력과 경제적 자립심을 키워 주는 것이 매우 중요하다. 물고기를 잡아 주는 것이 아니라 물고기 잡는 방법을 가르쳐 주는 것은 물론 물고기가 포진해 있는 바다를 배우게 하는 것이다. 물질적 유산보다는 아이 스스로 부를 창출해서 바르게 사용하는 지혜를 물려주는 것이 더 가치 있는 유산이다.

경제교육의 필요성

우리나라의 많은 부모들은 조기교육에 매우 적극적이다. 오바마 미국 전 대통령도 재임 중 미국은 한국 교육을 본받아야 한다고 여러 번 말했을 정도이니 말이다. 하지만 경제교육에 있어서는 유난히 소극적이다. 우리나라는 미국의 4%대의 문맹률에 비해 0%라는 대단한 문맹률을 가지고 있다. 이에 반해 금융문맹률(Financial Literacy)은 우리나라가 훨씬 취약하다.

2015년 신용 평가사 스탠더드앤드푸어스와 세계적인 여론 조사 기관 갤럽 등이 공동으로 실시한 '전 세계 금융 지식 조사'에서 노르웨이가 1위를 차지했다. 노르웨이는 응답자의 70%가 금융지식에 관한 해당 질문에 정확히 답변할 정도로 금융 지식이 매우 높았다. 그러나 한국인의 금융 지식수준은 선진국들에 비해 현저히 낮았다. 한국은 148개국 중 77위에 그쳐 말리, 알제리 등과 비슷한 수준이었다.[36] 이는 한국이 엄청난 경제발전을 이룩한 나라이지만 금융에서는 후진국임을 보여준다. 금융과 경제 교육의 필요성은 누구나 알고 있을 것이다. 하지만 앞에서 소개한 결과에서 짐작하듯 우리나라 성인의 금융지식과 이해도가 낮다 보니 자녀들에게 올바른 경제교육이 어려운 것이 현실이다.

어려서부터 경제적 관념을 키우는 일은 매우 중요하다. 돈이 인생의 전부이고 가장 중요한 가치는 아니다. 하지만 돈은 꿈을 이루고 키워나가는데 큰 힘이 된다. 요즘 아이들의 대부분은 어려서부터 경제마인드 없이 성장한다. 이러한 어린이들의 경제마인드는 청소년이 되면서 점차 굳어져 버리게 된다. 최근 20~30대의 신용불량자가 속출하고 있다는 것만 봐도 알 수 있다. '세 살 버릇이 여든까지 간다'는 말이 있다. 어려서부터 배워 온 지식과 습관은 어른이 되어서도 그 사람의 사고를 지배한다.

미국 최고 금융가인 데이브 램지(David Ramsey)와 그의 딸 레이첼 크루즈(Rachel Cruze)는 저서 《내 아이에게 무엇을 물려줄 것인가》를 통해 올바른 경제관념이 자녀를 행복한 성인으로 만드는 것이라고 강조한다. 데이브 램지는 강연회에서 자주 받는 질문이 있다.

"우리 아이는 아직 나이가 어린데 벌써부터 돈에 대해 가르쳐야 할까요?"

"물론이다! 자녀가 다 크도록 부모한테 얹혀살고 취업도 못해 고생하는 모습을 보고 싶은 것이 아니라면 말이다."[37]

저자는 자녀에게 노동에 대한 의미를 가르치지 않거나 제대로 된 경제교육을 하지 않는 부모는 무책임한 부모라고 단언한다. 세계 최고의 교육열과 자녀사랑을 자랑하는 한국 부모들에게 시사하는 바가 크다.

유대인의 경제교육

세계적인 부호 빌 게이츠와 페이스북 창업자인 마크 저커버그, 투자의 귀재 워런 버핏의 공통점은 무엇일까? 모두 어린 시절 부모로부터 남다른 경제교육을 받은 유대인이라는 것이다. 유대인은 어린 시절부터 부자의 꿈을 심어주는 유대인 경제교육을 받고 커간다. '탈무드', '히브루타 교육법'을 통해 이들의 경제관념과 교육법을 엿볼 수 있다.

유대인들은 "가난한 것은 집안에 50가지 재앙이 있는 것보다 더 나쁘다."라고 할 만큼 가난을 싫어한다. 아무리 병을 잘 고치는 명의도 가난만큼은 고칠 수 없다는 말이 있을 정도이니 말이다. 유대인들은 자녀가 태어나자마자 경제교육을 일찌감치 시작한다. 태어난 자녀는 한 살 때부터 부모가 사 모으는 주식을 가지게 된다. 아이가 말을 할 때부터 부모는 아이와 함께 토론하고 투자의 학습을 시켜나간다. 그렇게 모은 주식으로 아이는 주식의 개념과 시장경제의 흐름을 자연스럽게 접하고 익혀 나간다.

자녀가 13세가 되면 '바르미쯔바'라고 불리는 성대한 성인식을 치른다. 유대인 법과 전통, 윤리와 도덕과 관련된 책임을 질 수 있는 나이가 된 것으로 인정하는 날이다. 흥미로운 것은 이날 행사에 참여한 사람들이 결혼식 때와 마찬가지로 축의금을 낸다는 점이다. 친구들은 물론 가족들도 낸다. 미국의 중산층 자녀의 성인식 축의금은 대략 평균 5~6만 달러가 들어온다. 우리 돈으로 환산할 때 5천만 원에서 6천만 원을 훌쩍 넘는 액수이니 적지 않은 돈이다. 자녀는 행사 비용을 뺀 나머지 금액을 모두 자신의 통장에 넣고 예금, 주식, 채권 등으로 운용한다. 성인식을 통하여 종자돈이 만들어진 셈이다. 이처럼 돈과 돈을 다루는 방법을 터득하며 자라나는 청년들이 당당하게 창업하거나 자신의 일을 찾는 것은 당연한 수순이 아닐까 싶다.

유대인 경제교육의 지침 중의 하나는 자녀의 노동의 경험을 키워 주고 가치를 알게 하는 것이다. 그들은 자녀에게 노동의 대가를 가르치지 않는 것은 강도를 키우는 것이나 다름없다는 말을 서슴없이 한다. 유대인들은 아이들이 다섯 살 정도가 되면 가벼운 집안일이나 자신을 챙기는 일은 스스로 하게 한다. 나이가 어릴 때는 그저 칭찬을 해 주는 정도로 보상을 하지만 10살 정도가 되어 설거지, 요리, 빨래 등 어른들의 일을 도울 정도가 되면 금전적인 보수를 준다. 이때부터 아이들이 성인식을 할 때까지 자신의 용돈과 소비를 관리할 수 있게 가르친다.

어릴 때부터 부자의 꿈을 각인시켜 주는 '히브루타 경제교육'의 특징은 '교육을 오로지 돈을 벌기 위한' 수단으로 여기지 않는다는 점이다. 돈을 쓰는 법에서부터 저축하고 투자하는 방법 그리고 기부를 통해 사회에 환원하는 법까지 대화와 토론을 통해 자연스럽게 익혀 가는 것이다. 우리가 유대인으로부터 배워야 할 가장 중요한 것 중 하나는 바로 나눔의 철학이다. 유대인은 미국 기부금의 45%를 차지한다. 미국 인구의 2%가 미국 기부금의 45%를 차지한다는 것은 놀라운 일이 아닐 수 없다.

경제감각을 익히는 방법

어려서부터 경제공부를 시켜 돈맹에서 벗어나게 해야 한다. 유대인들의 생각처럼 경제관념이 없는 것은 수치이다. 어렸을 때부터 돈을 소중히 알게 하고 돈과 숫자에 관심을 가지게 해야 한다. 돈을 다루는 능력을 키워 주어야 한다. 아이의 수준에 맞춰 경제관념교육을 하나둘 적용하다 보면 아이의 금융 지식수준의 향상뿐 아니라 국가금융경쟁력 또한 높아질 것이다. 그렇다면, 금융과 경제교육방법에 대해 알아보자.

첫째, 경제교육의 첫걸음은 아이 자신의 욕망을 조절하는 것이다. "내가 원한다고 해서 모든 걸 다 가지거나 구매하는 것은 적절치 못하다."는 것을 느끼게 하는 것이다. 욕구를 조절하는 법을 가르치는 건 인성교육의 한 부분이기도 하다. 이때 중요한 점은 아이의 행동은 통제하되 마음은 받아 주라는 것이다. 아이가 물건을 사달라고 조를 때 "그게 왜 필요하니?" "그만 좀 졸라." 하는 것은 아이의 마음을 다치게 하고 무시할 수 있으니 삼간다.

아이가 갖고 싶은 물건을 사 달라고 할 때마다 바로 사 주지 않고 "마음이 바뀔 수 있으니 하루만 더 생각해 볼까?" 또는 "이것은 갖고 있는 것이랑 비슷한데 조금만 기다렸다 정말 갖고 싶은 것으로 사면 어때? 다른 건 훨씬 더 좋을 거야."라고 권해 보는 것도 좋다. 왜냐하면, 그 물건을 꼭 사야 하는지 아이 스스로 생각할 수 있는 훈련을 시킬 수 있기 때문이다. 경제감각능력은 절제력과 자기조절력이 밑바탕이 되어야 한다. 이러한 자기조절력을 기르기에 최적기는 3세 무렵이다.[38] 이 시기에 배운 자기조절력이 삶의 전반에 큰 영향을 준다.

둘째, 유치원이나 초등학교 시기부터 아이가 스스로 할 수 있는 일은 하게 하고 사소한 심부름이나 일 등을 통해 돈의 중요성을 알게 한다. 물론, 아이가 집안일을 돕는 것은 당연한 일일 수 있다. 하지만, 아이가 할 수 있는 사소한 일 등을 생각해 보고 용돈도 벌어보고 성취감도 맛볼 수 있는 기회를 주는 것은 경제관념을 가지게 하는 첫걸음이다. 모은 돈은 은행에 계좌를 만들어 저금하게 하고 모으는 재미도 붙이면 좋다. 매번 은행에 가서 저금하는 것은 힘들다. 저금통에 수시로 저금해놓고 한 달이나 두 달 주기로 집 근처 은행을 이용한다. 은행에 발을 디디는 것부터가 목돈 마련의 중요성을 깨닫게 한다. 예를 들어, 아껴 둔 돈으로 물건을 사게 되면 그 물건의 가치에서 그치지만 만약 한두 달을 더 모으면 더 큰 가치로 활용할 수 있다는 개념을 배우게 된다. 고학년 때는 어린이 경제신문을 구독하는 게 좋다. 경제신문을 통해 금융과 경제의 흐름을 익힐 수 있는데 모르는 부분이 나올 때 부모와 함께 자세히 알아가는 것이 효과가 크다.

셋째, 수입이 많아지는 중고등학생 때는 용돈기입장을 꾸준히 작성하는 습관을 들이면 좋다. 이것은 계획적인 소비습관을 들이고 돈을 관리하는 습관을 들이게 한다. 주마다 또는 다달이 받는 용돈을 잘 관리하고 모은 돈으로 부모들의 지침 아래 주식이나 펀드와 같은 금융과 경제지식을 함께 쌓을 수 있는 경험을 해 보는 것도 나쁘지 않다. 또한, 한국은행에 개설된 '청소년 경제 나라'에 가입해 틈틈이 사이버 금융활동을 통한 경제학습을 하는 것도 방법이다.

이제 금융과 경제교육은 선택이 아닌 필수이다. 아이가 배워야 하는 것은 대단하고 특별한 교육이 아니다. 생활 속에서 배울 수 있는 사소한 습관들이다. 아이가 스스로 행복한 삶을 꾸려나가는 지혜와 습관을 기를 수 있도록 부모가 이끌어 주어야 한다.

4차 산업혁명 시대,
아이를 위한다면 미래를 위한
준비도 달라져야 한다

15
진로 선택,
조급해하지 말고 시점을 포착해라

나는 커서 뭐가 되지? 내 적성이 뭐지? 스스로 꿈이나 적성에 대해 바로 대답할 아이들이 얼마나 될까? 아이에게 있어 진로를 찾는 것은 매우 어려운 일인 듯하다. 학업에 바쁜 아이들과 부모들에게 공부 이외에 다른 적성이나 흥미에 관심을 가질 여유와 기회가 없는 것이 큰 이유일 것이다. 이제껏 단지 대학입학이라는 목표 이외에는 다른 대안을 생각할 겨를도 없이 달려온 듯하다.

하지만, 세상은 급변하고 있다. 새로운 기술의 등장은 일자리 자체에 큰 변화를 가져왔고 진로교육의 중요성은 나날이 커지고 있다. 진로와 직업에 대한 패러다임이 바뀌고 평생직업에 대한 개념은 이미 오래전에 사라졌다. 아이들이 살아가면서 직업은 바뀔 수도 있고 또한 하나 이상의 직업을 가지게 되는 시대가 되었다. 어릴 때 진로를 선택해서 역량을 먼저 키워 놓았다고 안심할 것도 아니고 지금 마땅히 꿈이 없다고 좌절할 일도 아니다. 아이의 천직이 언제 찾아올지는 아무도 모른다. 상황에 맞추어 다양한 방향들을 모색하고 사회의 변화와 흐름에 유연한 인재가 되어야 한다. 현재 자신을 스스로 알아가고 이해하면서 진로 탐색에 관심을 갖고 인생의 장거리 마라톤을 뛸 능력을 갖추는 것이 미래인재의 준비를 시작하는 길이다.

자유학년제는 아이들 자신을 알아가는 시간이다

2015년도부터 시범적으로 운영되던 자유학기제가 올해부터 자유학년제로 전국 다수의 중학교에서 본격적으로 시행됐다. 다양한 체험기회를 주고 협업활동을 배울 수 있게 한 기존의 자유학기제는 학생들의 큰 호응을 얻었다. 자유학년제는 중학교 1학년 동안 중간, 기말시험 없이 실습과 토론을 위주로 한 수업과 진로에 대한 체험 활동을 하는 교육을 받는 제도이다. 시험 위주의 주입식, 암기식 수업에서 벗어나 학생들 꿈과 끼를 찾아 나갈 수 있는 시간과 여유를 준다. 자유학년제는 1년이라는 기간 동안 교사 중심의 주입식 강의가 아닌 학생 참여 중심의 수업이 이루어지는 것이 특징이다. 학생이 직접 교사의 입장이 되어 수업내용을 설명하거나 일정 프로젝트를 조별로 나누어 문제해결을 해 나가는 교육방식으로 협업력과 사고력을 키운다. 또한 아이들은 자신이 흥미 있는 동아리에 들어가서 마음껏 활동할 수 있어 좋다. 자신이 좋아하는 분야를 부담 없이 체험해 보고 여러 가지 경험을 통해 아이들의 사고의 범위를 넓게 된다. 학교에서 다양한 모든 분야의 체험은 어렵겠지만 아이들과의 소통, 협업 등을 통해 자신의 분야를 찾아갈 수 있는 능력과 힘을 기르게 된다. 아이가 자유학년제를 통하여 진정 일해 보고 싶은 진로를 찾을 수 있다면 더 없이 좋은 기회이다. 자유학년제는 아이들이 스스로 자신에 대해 성찰하고 고민해 보고 자신에 대해 알아가는 시간이 되어야 한다. 자신의 꿈을 발견하고 열정적으로 탐색할 수 있도록 아이 스스로 생각하고 결정하여 행동하게 기다려 주는 것이 중요하다.

직업심리학자 파슨스의 이론에 따르면 3단계의 과정을 통해 직업선택이 이루어진다.

첫째 단계는 자신을 잘 이해하는 것이다. 자신의 흥미나 적성에 맞는지 또는 성격이나 가치관에 적합한지 생각해 본다. 자신을 잘 파악하는 것이 중요하다.

둘째 단계는 직업정보를 이해하는 것이다. 자신이 원하는 직업에 대한 특성이나 현황이나 향후전망 등의 정보를 습득하는 과정이다.

셋째 단계에서는 이전 두 단계를 통합해 최종적으로 자신에게 가장 적합한 직업을 택하는 과정이다. 이 과정은 전 생애를 거쳐 여러 번의 과정들과 시행착오를 거쳐 결정적인 선택으로 다가가게 한다.

파슨스의 이론처럼 진로발달과정은 전 생애를 거치면서 이루어지지만, 유년기와 청소년기는 자아존중감, 진로관리능력, 의사결정 능력 등의 바탕이 형성되는 시기이므로 매우 중요하다. 자신이 주도하는 진로선택의 능력은 아이 인생에 장기적인 영향을 미치게 되므로 이 시기에 다양한 활동이나 체험 그리고 부모의 응원에 힘입어 자기효능감을 길러 나가야 한다. 11장 자신감에 대한 부분에서도 언급되었지만, 자기효능감이란 자신이 할 수 있다고 믿는 능력이나 신념, 일종의 자신감을 말한다. 아이들은 자신을 믿는 자기효능감을 통해 진로선택능력이 향상된다.

　진로를 선택할 때 중요한 것은 뭘까? 사람들은 진로를 생각할 때 흥미와 적성을 가장 중요시한다. 흥미는 자신이 관심 갖고 있는 분야를 말한다. 자신도 모르게 관심이 가는 것, 다른 것보다 재밌는 것이라고 말할 수 있다. 보통 흥미가 있어서 관심을 가지다 보니 직업이 되었다는 말들을 많이 한다. 몇 년 전부터 대두되고 있는 '덕업일치' 즉, 취미가 직업이 된 것도 시작은 흥미에서부터 시작한다.

　최고의 영화 음악가 '대니 엘프만'은 11살 때 버나드 허만이 음악 감독으로 참여했던 영화 〈지구 최후의 날〉을 보고 본격적으로 영화 음악의 매력에 빠지게 되었다고 했다. 영화 음악에 흥미를 갖게 된 그는 그 시대의 영화 음악을 섭렵하고 음악 감독의 꿈을 꾸게 된다. 적성은 자신이 잘 할 수 있는 능력, 과제나 임무를 수행하는 데 있어 요구되는 능력이나 잠재능력을 말한다. 힘들게 노력하지 않아도 남보다 더 잘할 수 있는 재주이다. 적성은 아이가 가지고 있는 지능과는 별개의 능력이다. 진로를 결정할 때 적성이 중요한 이유는 직업과 연관이 되어 있기 때문이다. 적성은 아이가 가질 특정 직업에서 얼마나 일을 잘 수행할 수 있는지 짐작하게 한다.

　이처럼 진로를 선택할 때 크게 좋아하는 것과 잘하는 것으로 출발한다. 흥미와 적성이 일치하면 더없이 좋은 일이다. 하지만 아이들이 진로를 찾으면서 '잘 하는 것'과 '좋아하는 것'이 달라 고민하기 십상이다. 가령, 수학 성적은 좋은데 수업은 재미없어하거나, 과학 성적은 낮지만, 수업은 좋아하는 등의 경우이다. 실제로 부모와 아이는 점수가 높으면 그것이 적성이라고 생각한다. 그러나 꼭 그렇다고 보기 힘들다. 좋아하지 않는 일을 지속하기란 어렵기 때문이다. 이런 경우, 우선 흥미가 있고 좋아하는 일에 집중해 보는 것이 좋다. 단기간에 잘하기는 힘들지만, 자신이 좋아하는 일은 꾸준히 하다 보면 성과가 나올 수 있다.

적성에 대한 신뢰가 더 강할 경우, 꼭 그 일이 아니어도 연관된 직업들에 관심을 두고 탐구해 보는 것 또한 나쁘지 않다. 적성에 맞는 것을 살릴 수 있고 그 일과 관련된 흥미 있는 일들이 무궁무진할 수 있기 때문이다. 예를 들어, 수학을 좋아하지는 않지만 적성에 맞는 경우, 좋아하는 미술분야에서 수학과 관련된 재무 쪽이나 컴퓨터와 관련된 일들을 찾아보면 된다. 예를 들자면, 그래픽디자인 등이다. 편협한 생각보다 다양한 시각으로 바라본다면 여러 가지 생각지 못한 대안들이 떠오른다.

워런 버핏은 컬럼비아 대학교 후배들이 성공비결을 물었을 때 "돈을 많이 벌어줄 것 같은 일을 하지 말고 자신이 좋아하는 일을 해야 한다. 나는 운 좋게 좋아하는 일을 일찍 발견할 수 있었다."라고 말했다. 애플의 스티브 잡스도 자신의 모교 스탠퍼드대학교 졸업식 축사에서 자신이 사랑하는 일을 찾아야 한다고 강조한 바 있다. 어린 시절 무엇을 좋아하고 흥미가 있는지 발견하는 것은 아이에게 있어서 매우 중요하다. 자신이 좋아하는 일은 계속하더라도 힘든 줄을 모른다. 일을 즐기기 때문에 바로 성과가 나오지 않더라도 지속하기가 쉬워진다. 좋아하는 일에는 스스로 시간을 들이고 더 노력하게 되고 그러다 보니 어느 순간 자신의 강점이 될 수 있다.

적성을 찾겠다고 애쓰기보다 자신이 가지고 있는 흥미와 그것에 대한 열정에 중점을 두는 편이 낫다. 2011년 8월에 대구 세계육상선수권대회가 개최됐다. 의족을 끼우고 대회에 출전해서 화제가 되었던 오스카 피스토리우스는 신체적 적성이 맞아서 육상선수가 되었을까?[39] 적성을 논한다면 그는 절대 하지 말았어야 하는 일이었다. 피스토리우스는 자신이 가지고 있는 흥미를 포기하지 않고 끊임없는 열정을 보여준 사례였다.

진로를 결정해서 직업을 찾는 것은 시간과 노력이 필요하다. 하루아침에 자신의 진로를 찾기란 쉽지 않다. 그러니, 조급해하지 말아야 한다. 자신에게 주어진 임무에 최선을 다하면서 꾸준히 진로를 탐색하다 보면 우연한 기회에 진로가 자신을 찾아오게 된다. 성공한 창업주, 기업인들이나 유명인들의 대부분은 어린 시절부터 진로를 선택해서 계획해 오기보다는 '우연한 기회'나 '행운'이 주어져서 성공까지 오게 되었다는 고백을 한다.

그렇다. 계획된 시나리오가 아닌 의도하지 않았던 우연한 일들이 자신의 진로선택과 발전에 긍정적인 영향을 준다. 그러니 진로에 대한 꾸준한 관심과 자신의 역량을 키워 가는 것이 무엇보다 중요하다. 행동하지 않으면 아무 일도 일어나지 않는다. 준비해야 한다. 기회가 왔을 때 붙잡을 수 있는 내공을 쌓아놓고 기다려야 한다. 무한대의 호기심, 자신에 대한 성찰, 긍정적이고 적극적인 생각과 도전이 마련해 주는 우연한 기회를 그냥 지나쳐 버리느냐 아니면 자신의 진로목표의 행운으로 만드느냐는 온전히 아이에게 달려 있다.

16
시야를 넓혀라,
디지털 노마드의 시대가 오고 있다

답답하고 칙칙한 사무실에서 벗어나 일하고 싶은 곳에서 또 원하는 시간에 일한다면 얼마나 좋을까? 직장인이라면 누구나 가끔은 상상해 보았을 것이다. 인터넷과 스마트폰이 보편화되면서 원격근무, 재택근무, 프리랜서 등으로 일하는 사람들을 일컬어 '디지털 노마드'라고 한다. '노마드'는 해석하면 유목민이라는 뜻으로, 회사 사무실이나 어떠한 장소에 구애받지 않고 자유롭게 일하는 사람들을 의미한다. 인공지능과 로봇에 의해 대체될 가까운 미래의 일자리 패러다임이 변화하고 있다. 끝없이 치솟는 실업률과 정규직 일자리는 줄어들고 있다. 다가올 미래 일자리 변화의 흐름에 디지털 노마드와 같은 새로운 형태의 일자리가 뜨고 있다. 아이들이 살아갈 미래 시대에 디지털 노마드는 뜨거운 감자다.

디지털 노마드는 1997년 프랑스 경제학자 자크 아탈리(Jacques Attali)가 1997년 자신의 저서 '21세기 사전'에서 처음 소개했다.[40] 이후 2007년 출간된 티모시 페리스(Timothy Ferriss)의 저서 《4시간(The 4 Hour Workweek)》에서 그가 소개한 장소와 시간에 구애받지 않는 새로운 업무 개념은 당시 매우 획기적인 이슈로 떠올랐다. 이 개념이 바로 디지털 노마드이다. 디지털 노마드는 사무실의 책상 앞에만 앉아서 매일 쉴 새 없이 반복적인 일을 할 것이 아니라, 자신이 시간과 기동력을 발휘할 새로운 업무형태를 창조하는 것이다. 기존의 업무개념에서는 현실성이 없다거나 상상하지 못할 일이다. 디지털 노마드는 노트북컴퓨터 한 대와 스마트폰만 있다면 어디에서든지 원하는 시간에 자신의 업무를 한다. 이 같은 형태는 시간과 장소에 구애받지 않는 업무방식의 여러 형태로 분류되겠지만 현재는 주로 다음과 같은 세 가지로 나눌 수 있다.

디지털 노마드의 세 가지 유형

첫째, 직장에 소속되어 있으며 업무는 원격이나 재택으로 하는 형태이다. 외국에는 이런 원격형태의 회사들이 많이 존재하지만, 우리나라에는 아직 낯선 것이 사실이다. 전통적인 업무방식의 안정적인 사무실 근무를 선호하고 타인을 의식하는 데서 비롯되는 문화적 차이라고도 볼 수 있다. 통상 집에서 근무하는 재택근무라는 말이 있지만, 시간과 장소에 구애를 받지 않는다는 점에서 원격이라는 개념이 오히려 맞는 듯하다. 우리나라에서는 원격근무보다는 재택근무나 소속된 프리랜서로 활동하는 사람들이 더 많다. 원격근무나 재택근무의 장점으로 회사소속으로 고정수입이 있다는 안정성을 들 수 있다. 디지털 노마드의 첫 단계로 회사에서 원격이나 재택근무를 하면서 자신이 일하고 있는 업무의 능력을 키우고 경험을 쌓아 나가는 것이 좋다. 실제로 디지털 노마드식 업무환경이 자유롭다는 장점이 있는 반면에 혼자 일하는 외로움이나 사회적 고립 등을 우려할 수 있다. 하지만 이것도 자신이 하기 나름이다. 정규직이냐 아니면 인턴으로 고용되느냐는 것에 차이가 있을 수 있지만, 회사의 사내활동이나 사내채팅 또는 SNS를 활용해 얼마든지 소통하고 어울릴 수 있으니 말이다.

둘째, 눈에 보이는 상품을 판매하는 것이 아닌 자신이 가지고 있는 기술이나 서비스로 수익을 창출하는 형태이다. 말하자면 보유하고 있는 기술이나 도움을 줄 만한 서비스 즉, 지식이나 노하우를 제공하며 활동하는 프리랜서이다. 디지털 노마드라는 용어가 나오기 전부터 프리랜서가 있었다. 컴퓨터, 문화, 예술, 미디어 등 많은 분야의 프리랜서가 있고 마케팅이나 컨설팅 전문가, 블로거, 그리고 SNS 관리자나 1인 기업 등 다양한 형태로 활동하고 있다. 보통 처음부터 프리랜서로 일하기보다는 대부분 회사생활을 통해 경력을 쌓은 후에 프리랜서로 전환한다. 자신이 주력하고 있는 분야의 경험과 실력을 쌓아 전문성을 발휘하는 것이 무엇보다 중요하며 자신의 브랜드라고 할 수 있는 전문적인 서비스를 적극적으로 홍보해야 한다.

셋째, 특정 상품을 직접 생산하고 수익을 창출하는 창업 또는 창작자의 형태이다. 스타트업, 작가, 1인 기업 등이 이에 속하며 플랫폼이나 카페, 블로그 등을 통해서도 수익을 창출할 수 있다. 반드시 IT분야에 국한된 것은 아니며 관련된 거래처나 협업 관계에 있는 구성원들은 업무방식이나 시간, 장소 등을 협의하에 자유로이 결정한다. 노트북 컴퓨터 한 대와 스마트폰만 있다면 어디든지 장소에 구애받지 않고 원하는 업무를 할 수 있다. 직장인처럼 고정된 수익은 없지만, 원대한 꿈을 가지고 성장해 나간다면 크게 성공할 가능성이 높다.

해외의 디지털 노마드

10여 년 전 미국 샌프란시스코 실리콘밸리 IT 기업들의 급부상과 함께 개발자들의 인력난이 심각했다. 미국 전역에 흩어져 살고 있던 IT 능력자들을 끌어올 방법으로 원격근무라는 새로운 방식이 제안되었다. 회사는 고정된 시간 안에 해야 할 업무와 프로젝트를 내주며 원격이나 정기적인 오프라인 미팅, 회의를 통해 협상한다. 미국 등 해외에서는 인재확보의 차원에서 원격근무에 대한 채용이 활발히 전개되고 있다.

미국의 유명한 워드프레스(WordPress), 개인용 블로그 제작 서비스를 개발한 기업인 오토매틱(Automatic)은 전 직원이 원격근무를 한다.[41] 세계 50개국에 흩어져 일하는 550여 명의 직원들은 자신의 거주지에서 자신이 정한 시간에 일하고 결과물로만 평가받는다. 휴가도 특별한 규정이 없다. 오토매틱은 최근 미국 샌프란시스코에 있는 본사 사무실까지 없애기로 했다. 사무실 임대비용을 절감하는 대신 직원들에게 업무환경구축 및 미팅비용 그리고 교통비 등을 제공한다는 방침이다. 창업자 멀런웨그는 여러 인터뷰를 통해 "전 세계의 능력 있는 인재들이 점점 원격근무 기업으로 몰리고 있다." 말하며 "오토매틱도 원격근무를 원하는 전 세계 인재들이 워드프레스 서비스의 향상에 기여해 성장할 수 있었다."고 밝혔다. 오토매틱의 원격근무자 중 한국인 직원도 한 명 있다고 한다. 드러나지 않은 다른 해외기업들로의 채용들을 포함한다면 우리나라의 청년들도 이제

해외 원격근무제도에 한 걸음씩 다가가고 있다는 추세를 보여 주고 있다. 채용과정은 여러 과정과 심사를 거쳐 아무래도 일반 기업보다는 오래 걸린다. 자유로운 업무환경과 행복하게 일하는 것을 중요시하는 유망한 인재들이 원격근무를 시행하는 기업으로 몰리는 것은 아마도 당연한 일일지도 모른다. 앞으로 사무실 근무의 전통적인 업무방식만을 고집하는 기업은 인재 확보의 기회를 점점 잃어버리게 될 것이다.

포브스의 테크 부문 기고자이자 작가인 카비 굽타(Kabi Guppta)는 2년간의 디지털 노마드 삶에 대해 이렇게 말한다.[42] "디지털 노마드는 늘 역동적이고 기술을 발전시키며 새로운 일을 찾아 제품을 판매하고 서비스를 만들어 내는 사람들을 의미한다." 그리고 자신은 "원격근무가 가장 행복하게 일할 수 있는 방식이라는 것을 다시금 알게 되었다."고 언급했다. 다시 말해, 디지털 노마드 업무형태야말로 가장 효율적이면서도 최선의 행복을 추구하는 업무방식이라는 말이다.

디지털 노마드의 업무 효율성

사무실 안에서 정해진 시간에 근무하지는 않지만, 원격근무자의 생산성은 사무실 근무자보다 뛰어나다는 연구결과가 있어 관심을 끌고 있다. 9개월간 나스닥 상장사에서 근무해온 직원 1만 6000명을 대상으로 연구한 조사에서 원격근무자들의 생산성이 사무실 근무자보다 13% 높은 것으로 나타났다.[43] 사무실에서 계속 근무한다고 해서 보다 더 나은 업무 결과를 보장하지는 않는다는 거다. 심리적인 측면에서 원격근무라는 디지털 노마드식 업무형태가 지극히 개인적인 집중도를 확보할 수 있는 환경이라는 결론이다. 대개 원격근무를 하고 있는 사람들의 공통된 특징이 있다. 그들은 업무의 전문적인 능력은 물론 회사로부터 협의와 절충을 이끌어 낼 수 있는 협상력까지 겸비하고 있다. 또한, 많은 글로벌기업에서 필요한 외국어 등의 커뮤니케이션 능력을 가지고 있다.

딸아이는 미국에 있는 대학을 졸업하고 잠시 스타트업 기업에 근무하다 최근 국내 기업에서 프리랜서 형태로 일하고 있다. 딸아이의 경우, 할당된 업무와 프로젝트를 철저하게 정해진 시간 안에 완수해야 한다. 또한, 일주일에 정기적인 오프라인 미팅이나 채팅으로 회의를 진행한다. 본인의 적성에 맞았던 SNS 관련 업무와 마케팅 프로젝트 그리고 기고 등이 주요업무이다. 딸아이는 프리랜서에 대해 공간과 시간의 자유가 있는 것이 다를 뿐 업무에 대한 막중한 책임감과 자기관리는 일반 정규직과 다르지 않다고 말한다. 또한, 업무에 대한 몰입도와 시간 관리의 필요성이 가장 중요한 관건이며 할당된 시간 안에 더욱 집중할 수 있어 오히려 효과적인 업무가 이루어진다고 한다. 아이는 업무 외 시간을 이용해서 자신이 교환학생으로 있었던 상하이에서의 경험을 바탕으로 얼마 전 여행 에세이를 출간했다. 업무 외 시간적 여유를 활용하여 얻은 결과물이라 더욱 뜻깊지 않을까 생각해 본다.

기술의 급격한 발전으로 미래 아이들의 직업은 많은 변화가 올 것이 예상된다. 물론 개개인의 아이들이 지향하는 가치관이 다르고 일에 대한 견해 또한 다르니 자신에 맞는 직업과 직업관을 갖추면 된다. 디지털 노마드는 기존의 전통적인 업무환경과 채용방식 및 업무변화에 따른 새로운 삶의 방식이며 또 하나의 선택이다. 온전히, 아이들이 원하고 추구하는 가치관에 맞게 자신이 행복할 수 있는 업무방식을 선택하는 것이 관건이다.

17
미래사회는 평생직장이 아닌
평생교육의 시대다

공자의 중용(中庸)에는 '백천지공(百千之功)'이란 이야기가 있다. "남이 한 번에 그 일을 이루면 나는 백 번을 하고 남이 열 번에 그 일을 이루면 나는 천 번을 노력한다. 그러므로 배우지 않으면 그만이지만 만일 능하지 못하다면 절대 배움을 놓지 말아야 한다." 즉, 배움은 끝이 없는 것이고 삶 자체이며 평생 공부하라는 것이다. 수레와 가마를 타고 다니던 옛날이나 인공지능이 업무를 대신해 주고 자율주행차가 달리는 지금 이 시대나 평생교육의 중요성은 변함이 없다.

아침에 눈을 뜨면 새로운 지식과 정보들이 하루가 다르게 탄생한다. 세상이 급변하는 통에 지식의 유효기한 또한 짧아졌다. 과거 지식의 유효기간이 30년이었다면 지금은 3~5년이면 새로운 지식과 기술로 대체된다. 새로이 생겨나는 신기술과 정보는 다양한 직업을 생겨나게 하고 또 기존의 직업들은 사라진다. 이미 평생직장의 개념이 사라진 지 오래다. 이제 대학교 4년 공부해서 전공과 관련된 직장에 입사해서 평생을 한 직장에 다니던 한가했던 시절은 지나갔다. 무엇을 전공하든 지식의 일부를 제외하고 알고 있던 지식이나 기술은 하루가 다르게 바뀐다. 평생직장의 시대에서 평생학습의 시대로 전환된 것이다. 이제부터 아이들은 대학교에서 무엇을 배웠는지가 중요한 것이 아니라 학교를 졸업하고 어떤 배움을 지속하는지가 관건이다. 평생 동안 공부해야 한다고 한숨 쉬는 아이들도 있을 것이다. 특히, 지겹도록 학교공부에 지쳤던 우리에게 평생 배워야 한다고 하니 더욱 그렇다. 평생학습은 남과의 경쟁을 넘어 자신과의 경쟁의 시작이다. 자신을 발전시키는 의미와 행복을 찾아내어 삶을 성장시키는 평생배움이 절실히 필요하다.

다산 정약용 선생의 다독을 통한 평생학습

우리나라에서도 평생배움의 중요성을 몸소 실천하며 배움의 즐거움을 강조한 학자가 있다. 거중기를 탄생시킨 공학자이자 《목민심서》를 쓴 행정가이기도 했던 조선 시대 실학의 대가 다산 정약용 선생이다. 그는 배움을 좋아했다. 그리고 그의 일생에 182책 503권에 달하는 《여유당전서》라는 방대한 양의 책을 썼다. 그는 제자들에게 "단지 출세를 위해 배움을 익혀서는 참뜻을 깨달을 수 없다."라고 말했다. 출세보다는 즐거움이 우선이어야 하고 즐겁기 위해서는 학습법을 터득해야 한다는 말이다. 다산 정약용 선생은 배움에 있어서 방법만 배우고 배움의 내용은 스스로 채우라고 강조했다. 배움의 목적이나 내용은 자신의 필요에 맞게 결정되고 구성되어야 한다는 뜻이다. 부족한 부분은 채우고 불필요한 것은 버리라는 거다. 자신만의 학습법은 학습에 재미를 부여하고 공부의 즐거움을 준다. 자신이 설정하는 목표를 만들고 그것을 위해 한 걸음씩 배워 가는 재미야

말로 진정한 즐거움이다. 배움에 대한 즐거움은 평생 동안 공부할 수 있는 저력을 준다.

다산 정약용 선생은 많은 책을 읽고 정립된 공부법까지 가지고 있었다. 그의 공부법은 오늘날 우리 아이들에게도 적용할 수 있는 훌륭한 지침서이다. 공부법은 세 가지로 정리된다.[44]

첫째, 초서법이다. '초서'는 책을 읽고 중요시되는 부분을 골라 요약해 쓰는 것이다. 그냥 책 전부를 베껴 쓰는 '필사'와는 다르다. 필사는 책이 현저히 부족하던 과거에 매우 효과적으로 쓰던 공부법이었다. 반면에, 초서법은 책이 보편화 된 지금도 유효한 통합적인 공부법이다. 예를 들어, 학생들에게 중요시되는 요점정리 노트가 바로 초서법과 같은 것이다. 그는 "책을 읽을 때 중요한 내용을 추려 초서하는 것을 반드시 해야 한다. 책에서 핵심을 잘 가려내면 일관되게 쓰는 묘한 재미가 있다."라고 말한다. 그리고 많은 양의 책도 초서법을 통해 공부하면 많은 시간을 들이지 않고 그 내용을 파악할 수 있다고 했다. 독서에서 가장 중요한 능력은 핵심을 간파하는 것이다. 아이들이 책의 핵심내용을 정리해서 읽어 나가면 내용에 대한 이해도를 높일 수 있어 효과적이다. 꼭 책을 읽는 것뿐 아니라 평상시에 배운 것을 정리하고 메모하는 습관을 들이면 내용을 찾아 헤맬 것도 없고 훗날 정리해 둔 것이 필요한 공부의 핵심일 수도 있다. 어릴 때부터 이런 학습을 꾸준히 하게 되면 사회에 나가서도 자신이 나아가고자 하는 분야의 핵심을 꿰뚫어보는 역량을 가지게 된다.

둘째, 어원을 파악하는 공부법이다. 어원이란 단어가 생겨난 근원이나 근본을 말한다.[45] 다산은 책을 읽을 때는 한 글자라도 빠짐없이 뜻을 알고 모르는 부분은 반드시 깊이 연구하고 생각해 그 글자의 어원을 알고 넘어가야 한다고 했다. 앞서 말한 초서법으로 핵심을 알아내고 어원을 공부하면 핵심지식을 터득하게 된다. 아이들이 독서를 할 때 호기심을 가지고 어원을 살펴보는 것은 어원 자체의 폭넓은 지식을 얻을 뿐만 아니라 책 전체 지식을 아우르는 개념을 이해하게 된다. 미래 시대를 살게 될 아이들은 자신이 일하고 있는 업종의 전문용어들의 어원을 잘 알고 있어야 한다. 다가올 미래에는 지식 위주 노동은 인공지능과 로봇이 대체할 수 있지만, 그것들을 다루게 되는 아이들은 그보다 뛰어난 전문적 소양을 갖춰야 하기 때문이다. 예를 들어, 품질경영에서 기본적으로 사용되는 ISO 등의 용어는 제조경영업에 종사하는 사람들 대부분 다 알고 있다. 하지만 그 용어의 의미와 유래에 대해 깊이 알고 있는 사람은 그리 많지 않다. 용어의 어원을 깊이 알아 고찰하고 연결하는 가운데 본질적인 품질경영혁신이 이루어지기 때문이다.

셋째, 마지막으로 공부법의 마무리는 '신사공부법'이다. 신사공부법은 핵심내용을 터득하고 핵심지식을 이해하는 단계를 뛰어넘어 깊이 생각하는 공부법이다. 한마디로 읽었으면 생각하라는 것이다. 책을 읽었으면 거기에서 멈추는 것이 아니라 반드시 사색하고 실행에 옮긴다. 사회에 나가 회사와 같은 조직에서는 생각하며 일하는 것을 뜻한다. 성실하게 일만 할 것이 아니라 자신이 하고 있는 일에 대해 깊이 생각해서 새로운 업무방식과 창의적인 아이디어를 창조하는 것이 중요하다.

세계의 억만장자인 부자들의 공통점은 평생학습이다. 대부분의 세계적인 부자들은 정식교육보다는 꾸준한 독서를 통해 얻는 지식을 실제 사업에 적용함으로써 부를 획득했다. '투자의 귀재'이자 '오마하의 현자'로 불리는 워런 버핏은 주말을 제외한 일과시간의 80%를 독서를 해 오고 있다고 한다. 거의 하루를 독서로 할애한다. 마이크로 소프트의 빌 게이츠도 독서광이라 불릴 정도로 많은 시간을 독서를 하면서 보낸다. 가장 주목해야 할 것은 학교 교육을 통한 학위 소지 여부를 불문하고 사회에 나가 지속적인 배움을 이어나갈 방법을 찾는 것이다.

2016년 4월 파이낸셜타임즈(FT)에 따르면 자수성가한 억만장자 4명 중 1명은 대학이나 고등교육을 이수하지 못한 것으로 발표했다.[46] 이 조사는 영국의 인터넷 마케팅 기관인 '버브 서치'가 자신의 힘으로 억만장자가 된 거물들을 추적해 얻은 결과이다. 조사 대상의 반 정도가 학사나 그와 비슷한 학력을 가지고 있었고 석사는 20%, 박사는 5%에 그쳤다. 실제로 대학교, 고등학교 중퇴자의 비율은 25%에나 달했다. 이렇듯 부를 거머쥐고 성공으로 가는 길은 반드시 대학 졸업장이나 학위가 필요한 것은 아니라는 것이다. 대부분의 부호들은 학교공부를 마치고 나서나 사회에 나가서도 지속적인 배움을 놓치지 않았다는 것에 주목할 필요가 있다.

몇 년 전부터 자신이 주체가 되어 스스로 하는 학습법이 나와 화제가 되고 있다. 바로 자기주도학습이다. 자기주도학습(Self-directed Learning)은 아이가 스스로 학습대상을 찾아보고 학습 목표를 정해서 학습에 필요한 자료를 수집하고 전략을 세워 실행하고 평가하는 것을 말한다. 아이의 학습이 부모나 다른 사람들에 의해 통제되는 것이 아닌 아이 스스로 공부에 대한 모든 과정을 해결하는 학습방법이다. 21세기 평생학습시대에 꼭 필요한 공부방법이고 아이의 능력이다. 그렇다면 자기주도학습력을 키우려면 어떻게 해야 할까?

우선, 아이의 내적 동기를 찾아보아야 한다. 아이가 공부해야 할 이유를 찾도록 도와준다. 예를 들어, 아이가 컴퓨터에 관심이 많다. 그러면 수학을 잘해야 컴퓨터를 더 잘 다룰 수 있다고 말해 주면 동기부여를 얻을 수 있다. 공부를 왜 해야 하는지를 알면 동기부여가 생기고 학습에 대한 욕구가 나오게 된다. 이렇게 학습 욕구가 나오게 되면 행동으로 옮겨지며 자연스럽게 학습전략으로 발전하게 되는 것이다. 아이의 공부가 하고 싶은 이유를 잘 들어주고 칭찬해 주고 지켜봐 주어야 한다.

자기주도학습이 이루어진다고 반드시 성적이 바로 오르는 것을 기대하지 말아야 한다. 자기주도학습의 의의는 성적이 오르는 데 있는 것이 아니고 학습에 대한 의지와 자신감이 생긴다는 데에 있다. 실제로 자기주도학습 습득의 효과는 아이들을 여러 가지 측면에서 변화시킨다. 일단 공부에 대한 열정이 부모와의 갈등을 줄인다. 부모가 아이에게 공부하라는 잔

소리를 안 하니 갈등은 자연적으로 줄게 마련이다. 또 혼자 공부하는 습관을 들이게 되어 어떤 것을 배우게 되더라도 자신 있게 학습하는 방법을 알고 있다. 학교에서는 자신이 공부에 관심이 많으니 공부 잘하는 친구들과 어울리게 된다는 것이다.

120세 시대를 살아갈 우리 아이들은 자신을 성장시키고 발전시키는 평생학습을 지속해야 한다. 평생 배우고 익히는 것은 아이 자신의 미래를 행복하게 하고 미래 사회의 리더가 되게 할 것이다. 미래 사회의 동력은 자기주도적인 평생 배우는 인간이다. '배우고 때때로 그것을 익히니 또한 기쁘지 아니한가?' 《논어(論語)》 〈자왈(子曰)〉 편에서)

18
학습 민첩성,
신속히 학습하고 적용하는 능력 키우기

공자는 사람을 살핌에 있어서 일을 가장 중요시한다. 《논어(論語)》〈학이편(學而篇)〉에서 공자는 "일을 할 때는 민첩하게 하고 말은 신중하게 해야 한다."고 말한다. 또 〈이인편(異人篇)〉에서는 "말은 어눌하려고 힘쓰되행동은 민첩해야 한다."고 말한다. 여기서 행동은 일을 뜻한다. 모두 민첩함을 강조하고 있다. 4차 산업혁명 시대 인재의 핵심역량이자 기업에서 가장 애타게 찾고 있는 인재의 역량은 바로 공자가 말하는 일에 대한 민첩성이다. 학습민첩성은 미래 사회 조직 내에서나 리더로서 요구되는 핵심역량이다. 그렇다면, 학습민첩성이 도대체 무엇인지 알아보기로 한다.

도대체 학습민첩성이란?

'학습민첩성(Learning Agility)'은 경험으로부터의 빠르고 지속적인 학습능력과 그에 따른 의지이다. 처음 직면하거나 새롭게 변화하는 상황에서학습한 것을 빠르게 응용할 수 있는 능력이며 미래 리더로 성장하는 데지대한 영향을 미친다. 빠르게 배우는 학습자들은 자신의 경험들을 유용하게 연결하는 데 능숙하고 필요하지 않은 방식은 버릴 줄도 안다. 특수한 해결책이 필요할 경우 학습하지 않고도 유연하게 대처하며 학습 목표가 확실하며 새로운 경험에 도전하려는 성향이 있다.

1980년대 말, 세계적인 창조 리더십센터(Center for creative leadershiop)는 분야별 리더들의 성공비결을 알아내는 연구를 진행했다.[47] 이 연구를 도맡았던 롬바르도(Michael M. Lombardo)와 아이싱어(Robert W. Eichinger)는 결정적인 논문을 발표했다. 핵심리더들의 공통적인 성공 요인은 다름 아닌 '학습민첩성'이었다. 세계 최고의 인재들을 선별하기로 유명한 구글의 전 인사담당책임자 라즐로 북(Lazlo Bock) 또한 이렇게 말했다.[48] "구글의 채용에서 직무에 상관없이 가장 우선시되는 중요한 역량을 오직 한가지로 요약한다면 학습민첩성이다."

학습민첩성은 단순히 학습능력을 말하는 것이 아니다. 학습능력만으로 따지면 우리 학생들도 우위에 있으니 말이다. 하지만, 학습민첩성은 자신의 학습능력을 지속적으로 발전시키며 활용할 수 있는 보다 구체적이고 다양한 능력들이 포함된다.

학습민첩성이 뛰어난 리더들의 능력은 무엇인가?

학습민첩성이 뛰어난 리더들이 가지는 몇 가지 능력들을 살펴보자.

첫째, 끊임없이 새로운 것에 도전한다.
새로운 아이디어와 접근방식을 과감하게 실행하는 도전의식이다. 학교 수업으로 예를 들자면, 반복적이고 암기하는 학습보다는 전혀 풀어보지 못한 문제풀이를 시도해 보려는 의지를 말한다. 풀이공식을 달달 외우고 연습문제를 풀어가게 하는 것은 학습민첩성과는 다른 방식이다. 이런 방식은 만약 난이도 있는 문제가 나오거나 처음 보는 문제 앞에서는 당황하고 포기하게 된다. 예전처럼, 한 우물을 파서 한 분야의 전문가가 된다는 말은 옛말이다. 새로운 분야에도 관심을 가지고 넘나들어야 한다. 새로운 시도는 쉽지 않다. 하지만, 끊임없이 시도하고 실패하고 다시 시도하는 가운데 기회가 찾아오는 것이다.

둘째, 빛의 속도로 방향을 바꾸는 능력이 있다.

학습민첩성에서 민첩성을 사전에서 찾아보면 재빠르게 움직인다는 뜻으로 나와 있다. 세계경제포럼(WEB)의 클라우드 슈바프 회장은 "큰 물고기가 작은 물고기를 잡아먹는 시대에서 빠른 물고기가 느린 물고기를 잡아먹는 시대로 바뀐다."라고 한다. 조직이 살아남으려면 빨라야 한다는 것을 말해 주고 있다. 하지만 '민첩성'이라고 강조하는 말에는 전제조건이 따른다.[49] 방향을 바꾸는 전제조건의 속도를 말하는 것이다. 말하자면, 시대가 변함에 따라 혁신의 방식을 바꾸는 것이 전제조건이라는 말이다. GE사의 패스트웍스(Fast Works)를 대표적인 예로 들 수 있다. 이 방식은 100년 전통의 거대기업 GE의 기존방식을 혁신적으로 바꿔놓았다. 특정 제품개발 라인을 30% 단축하고 고객서비스의 대응속도를 개선하는 등 보다 민첩한 조직으로 변화시키고 있다. 유튜브, 아디다스사 등 세계의 굴지 기업들은 몸집을 줄이고 방향을 빠르고 신속하게 바꾸는 등의 변화를 지속하고 있다.

셋째, 피드백과 자기 성찰을 중요시한다.

자신이 수행한 업무나 역할에 대하여 다른 사람으로부터 지속적으로 조언을 구하고 업데이트 한다. 또한, 자신의 실수를 인정하고 그에 대한 신속한 도움을 요청하는 것에 능숙하다. 자신이 시도하고 실패하면서 학습하고 실패한다 하더라도 포기하지 않는다는 것이 특징이다. 실패를 통해서 배운다고 생각하기 때문이다. 개인에게나 조직이나 팀에게나 성찰은 매우 필요하다. 성찰은 자신이 학습한 것, 경험한 것 그리고 실행한 것을 되돌아보게 하고 반성하는 과정이다. 반복적인 자기 성찰은 자신의 성과를 반성하게 하고 나아가 진일보하게 한다.

미래 시대 인재의 핵심역량은 계속 변화한다. 2005년도 Corporate Leadership Council의 연구에 따르면 현재 탁월한 성과를 내고 있는 리더의 70%가 더 이상 미래의 핵심인재가 아니라는 것을 보여 주고 있다고 했다. 과거의 성공과 성과가 결코 미래의 성공을 보장하지 않는다는 것이다. 이미 알고 있는 지식과 방식은 가면 갈수록 인공지능과 로봇이 대체하고 있다. 이제 아이들이 해야 할 일은 기존에 있었던 일들이 아닌 새로운 차원의 일들로 넘쳐날 것이기 때문이다. 미래 아이들에게 필요한 역량은 현재 필요한 역량과는 매우 다른 역량이며 급격하고 역동적인 변화에 맞추어 가는 유연성 있는 능력이다.

이처럼 학습민첩성은 지속적으로 성장하는 리더와 그렇지 못한 리더를 구분하는 척도이다. 위슨콘신 매니징그룹의 드 메우스(De Meuse)의 연구에 의하면 성공하고 성장을 지속하는 리더는 지능이 높았기 때문이 아니라 변화에 대한 빠르고 신속하며 효율적인 학습능력이 뒷받침되었기 때문이라고 강조한다.[50] 대조적으로, 성공을 지속하지 못하는 리더의 경우, 과거 다양한 성공경험과 직무경험을 갖고 있었음에도 그런 경험들을 전략적으로 학습, 개발하지 못했기 때문에 초래한 결과라고 말한다. 자신이 가지고 있는 기존의 경험들을 개방된 사고를 통해 연결하고 유연하게 적용하는 능력이야말로 복잡한 이 시대를 살아가는 방법이다. 글로벌 경쟁 환경에서 기업들은 이런 학습능력을 갖춘 잠재력이 있는 인재를 찾는 데에 혈안이 되어 있다. 그렇다면, 학습민첩성을 높일 수 있는 방법은 어떤 것이 있을까?

학습민첩성을 높이는 방법

지적 호기심은 학습민첩성을 높이는 데 가장 중요한 요소이다. 새로운 시도와 아이디어는 지적 호기심에서부터 시작한다. 지적 호기심은 예전의 방법들을 진행하는 가운데 좀 더 차별화되고 나은 방법이 없는지 스스로 찾게 하는 신기한 매력이 있다. 인간 내면에서부터 나오는 욕구이며 그것은 인간을 움직이게 한다. 지적 호기심은 아이들에게만 있는 것은 아니다. 조직 내에서도 관여도를 높이고 업무수행을 잘하게 해 주는 강력한 무기이다.

뉴욕타임스의 유명 칼럼니스트 애덤 브라이언트(Adan Bryant)는 미국 대기업 CEO 70명을 대상으로 승진하기 위한 요인에 대해 조사했다.[51] 그 결과, CEO가 되기 위한 중요한 첫 번째 요인으로 '열정적인 호기심'을 들었다. 지적 호기심이 높은 사람은 기존의 방식을 진행하면서도 좀 더 혁신적이고 나은 방법이 있는지 스스로 질문한다. 업무와 관련된 일 이외에 다른 일에도 관심을 가지며 독서와 여행을 통해 낯선 경험을 서슴지 않는다. 끊임없이 세상의 변화와 새로움에 대한 지적 호기심을 일깨운다면 성공은 멀리 있지 않다.

반복적인 자기 성찰 또한 학습 민첩성을 기르는 데 도움이 된다. 자신의 성과들 그리고 그동안 실행했던 것들을 돌아보고 점검해 보는 과정이다. 성찰은 개인과 조직을 완성 시키는 훈련이기도 하다. 하버드대학교 교육 심리학자인 하워드 가드너에 의하면 "자기에 대한 성찰 능력은 하나의 지능(Intelligence)으로 간주할 수 있는데 사람마다 그 차이가 크고, 그 사람의 전반적인 품격과 행동성향을 좌우하는 아주 중요한 요인이다."라고 한다. 자기성찰지능이 높은 사람은 자기 자신에 대해 잘 알고 있으며 능력에 대한 판단도 정확하다. 또한, 자신의 감정을 잘 파악할 뿐만 아니라 미래를 위한 준비 활동에 적극적이다.

21세기는 지식의 시대가 아니라 학습의 시대다. 경력만 믿고 새로운 것을 지속적으로 배우지 않는 사람은 위험하다. 아이들이 맞이할 세상에서는 더욱이 그러할 것이다. 오늘 많이 알고 있는 지식이 예전처럼 중요하지 않다. 왜냐하면, 하나의 분야 안에서도 업무의 전문성이 하루가 다르게 빠르게 변화하고 있기 때문이다. 가장 중요한 것은 새로운 것을 학습하는 능력이다.

19
디지털 시대의 바이블,
디지털 리터러시를 배워야 하는 이유

영국의 유명 과학기술 작가 아서 클라크(Arthur C. Clarke)는 "고도로 발달한 과학기술은 마법과 구별할 수 없다."라고 말했다. 우리는 이 마법과도 같이 매력적으로 다가온 스마트폰이나 인공지능 기술에 깊이 의존하고 있다. 하지만, 우리는 이러한 디지털 기술에 대해 얼마나 이해하고 활용하고 있을까? 2016년 스위스 다보스포럼(WEF)에서 발표된 '직업의 미래' 보고서는 미래인재에게 가장 필요한 역량 중의 하나로 '디지털 리터러시'를 강조했다. 우리나라에서도 최근 코딩 교육이 의무화되면서 올해 전국의 180개 중학교에서 자유학기제 동안 그리고 2019년부터는 초등학교에서도 코딩 교육이 도입될 예정이다. 이처럼 소프트웨어 교육 열풍은 시작되었는데 정작 디지털 리터러시에 대해서는 잘 모르는 실정이다. 인공지능, 사물인터넷, 로봇 등의 디지털 기술화될 미래에 디지털에 대해 이해하고 올바르게 활용할 능력을 키워야 한다. 그럼, 디지털 리터러시가 정확히 무엇인지 알아보자.

디지털 리터러시란?

디지털 리터러시(Digital Literacy)란 디지털 도구와 기술의 활용능력과 이해 그리고 스스로 콘텐츠를 생산과 창조할 수 있는 능력, 그리고 그에 따른 기본적인 예의 등을 포함하는 포괄적인 개념을 말한다. 디지털 기본 상식은 물론, 개인정보, 저작권, 초상권 보호 등의 디지털에 대한 윤리와 시민의식을 포함한다. 실제로 개념이 매우 포괄적이라 정확히 어떤 부분까지 포함하는지 불분명한 부분도 있다. 과거에 컴퓨터가 처음 등장했을 때는 컴퓨터의 활용법만을 교육했던 것에 반해, 최근의 디지털 교육은 디지털을 먼저 이해하는 디지털 시민의식, 비판적 사고력까지 가르친다. 진행되는 디지털 리터러시의 커리큘럼을 살펴보더라도 디지털 도구에 대한 학습보다 인문학적인 내용이 먼저 등장하는 것이 한 예이다. 수업시간에도 따로 디지털 도구에 대한 사용법은 배우지 않는다. 스스로 할 수 있는 내용은 미리 집에서 동영상 강의를 통해 배워오고 수업시간에는 학생들이 모여 토론으로 수업이 진행된다.

유네스코 아태본부와 공동으로 디지털 리터러시 역량을 연구하고 있는 이화여대 교육학과 정제영 교수는 "디지털 리터러시는 우리말로 표현한다면 '디지털 소통능력과 시민의식'으로 말할 수 있으며 디지털 매체의 급격한 발달로 인한 윤리의식과 시민의식을 포함하고 있다."고 말했다.[52] 디지털 리터러시 교육에서 디지털 기술이라는 것은 단지 도구일 뿐이며 윤리의식과 인간다움의 사고가 우선 바탕이 되어야 한다는 것이다. 디지털 교육도 중요하지만 먼저 사람다운 사람이 되어야 기술도 올바르게 사용되어 진다는 것을 의미한다.

프랑스의 디지털 교육기관 에콜[53]

최근 엄청난 주목을 받고 있는 실험적 정보기술(IT)교육기관 '에콜(Ecole)42'는 프랑스 파리 북서부 17구에 위치해 있다. 이곳은 현장형 실무형 IT 인재를 길러내는 혁신형 학교로 널리 알려져 있으며 매년 5만 명 이상이 지원할 정도로 폭발적인 인기를 누리고 있다. 이곳은 전통적인 학교 모습과는 사뭇 다르다. 교사도, 교과서도, 수업도 없다. 학비도 무료이다. 오직 학교에서 온라인으로 제시하는 프로그래밍 과제를 스스로 수행하며 3년의 과정을 마쳐야 한다. 학생들은 프로그래밍 전문가 5명으로 구성된 학습연구팀이 내주는 단계별 과제들을 여러 학생들과 협업과 토론을 통해 해결해 나가며 프로그래밍 능력을 키운다. 에콜42의 성과에 대해서는 찬사가 쏟아지고 있다. 졸업생들은 유럽의 굴지의 대기업, 구글, 페이스북 등 IT업체에 취업하고 교내 150개의 스타트업을 창업할 정도로 학생들의 성과는 놀랍다.

더욱 놀라운 것은 이곳의 입학전형이다. 지원자격은 18~30세 사이의 나이 제한만 있으며 온라인으로 된 논리력 테스트를 통과하면 우선 기본적인 지원자격을 갖춘다. 입학생들은 4주간의 프로젝트 형식의 문제해결을 해야 하는 협업과제를 통해 최종적으로 선발된다. IT 교육학교에서 디지털 기술이 아닌 논리와 사고력, 그리고 열정 등을 기본능력으로 여긴다는 것이다. 어릴 때부터 무엇보다 생각하는 힘을 기르고 토론을 통한 사고력과 소통력을 키운다면 어떠한 디지털 교육을 배우는 데도 부족함이 없을 것이다.

디지털 리터러시 교육을 너무 어린 나이부터 받는 것에 대해 부정적인 견해가 있는 것도 사실이다. 한 예로, 미국의 알트스쿨(Altschool)에서 찾아볼 수 있다. 알트스쿨은 2013년 구글 출신 엔지니어인 맥스 벤틸라(Max Ventialla)가 페이스북, 이베이 등 글로벌 기업으로부터 약 1500억 원을 투자를 받아 설립 한 미래형 학교다. 태블릿PC를 사용한 수업을 비롯하여 학생 개개인의 흥미와 개성에 맞춘 반편성과 특별 맞춤형 클래스 등 다양한 커리큘럼을 제공해서 세계의 시선을 끌었다.

하지만, 지난해 2017년 샌프란시스코, 뉴욕 등 미국 전역에서 운영되던 9개 학교 중 5곳이 이미 폐교했거나 올해 폐교할 예정이라고 보도했다.[54] 알트스쿨에 다니는 학생들은 4~14세 미만의 학생들로 어린 나이에 습득해야 할 학습이 제대로 이루어지지 않았던 것이 문제였다. 책을 읽고 스스로 독해력을 기르고 맞춤법을 배워야 할 나이에 태블릿PC의 음성지원 기술이나 자동맞춤법 시스템 등이 오히려 독이 된 셈이다. 너무 어린 나이에는 기술을 이용하는 판단력이나 분별력이 없다. 나이에 맞는 교육이 필요한 것이다.

디지털 리터러시를 배워야 하는 이유

우리나라도 코딩 교육이 열풍이다. 올해부터는 중학교에서 정규과목으로 편성되고 사교육으로까지 확대되는 실정이다. 마치 코딩을 배우면 디지털 시대의 준비가 다 되는 듯한 분위기다. 코딩 교육의 목적은 단순히 프로그래머를 만드는 데 두는 것에 그치지 않고 논리적인 사고력을 키우는 것에 있다. 코딩은 디지털 활용능력을 키우기 위해 중요한 학습이다. 하지만, 코딩 교육에 앞서 미래인재로서 자격을 갖추려면 아이들이 배워야 할 것은 바로 디지털 리터러시다. 디지털 리터러시는 디지털 활용학습에 대한 기본적인 가치관이며 매너이다.

디지털 시대를 맞이하는 아이들이 갖추어야 할 디지털 소양을 크게 두 가지로 들 수 있다.

첫째, 디지털 기술에 대한 활용능력이다. 지금까지 우리는 인터넷에 나와 있는 정보를 검색하고 그 정보에 대해 무조건적인 습득만 하는 형식이었다. 그리고 대부분의 인터넷 이용자는 소비자 입장이었다. 디지털 시대에 발맞추어 이제는 소비자의 입장을 뛰어넘어 생산자로서 활용능력을 키워야 한다. 현재 많은 사람들이 유튜브나 다른 SNS 등을 통해 생산자로서 활동하는 상황이다.

둘째, 디지털 윤리와 시민의식이다. 디지털 기기의 사용법은 마치 아이가 모국어를 익혀 가듯 자연스럽게 배우게 된다. 하지만, 그에 따른 권리와 윤리의식은 저절로 배워지는 것이 아니다. 교육을 통하여 습득해야 한다. 자신의 정보를 지키는 것은 물론 다른 사람의 저작권이나 초상권 등을 지켜 주는 것은 기본적인 태도이다. 또한, 자신의 디지털 기술을 다른 사람들과 공유하여 더욱 건강한 세상을 만드는 디지털 시민이 되어야 한다.

　미래의 변화에 따라 우리 사회와 교육도 변화해야 한다. 디지털 리터러시 교육에 대한 필요성과 개방된 학습환경이 무엇보다 중요하다. 디지털 기기를 무조건 나쁜 것으로 여길 것이 아니라 올바른 활용방법을 가르치는 데 힘써야 한다. 디지털 리터러시 교육이 단지 디지털 기술을 가르치는 과목 이수의 목적이 된다면 아이들에게 부담감만 안겨 주는 또 다른 지겨운 공부가 될 뿐이다. 아이들이 흥미와 재미를 가질 수 있도록 기술을 학습 과정에 자연스럽게 스며들게 해야 한다. 교육 목적에 맞게 디지털 기술을 잘 활용한다면 수준 높은 학습효과를 가져올 것이다. 디지털 시대에 살아갈 우리 아이들이 뛰어난 디지털 기술활용능력을 발휘하고 건강한 시민의식으로 다져질 교육이 이루어져야 한다.

20
미국 보딩스쿨
유학 이야기

내 아이 유학 보내야 할까? 많은 부모들이 아이의 유학에 대해 생각해 보았을 것이다. 유학은 부모에게나 아이에게나 굳은 결심이 필요하며 아이의 인생에 있어서 대단한 결정이다. 어느 나라에 유학을 가든 마찬가지겠지만, 미국에 조기유학을 보내려면 부모로서의 단단한 마음가짐과 아이의 유학에 대한 강한 열정이 필요하다.

2008년 딸아이가 한국에서 중학교 다니던 시절부터 외국 유학은 거의 열풍에 가까웠다. 초등학교 6학년부터 중국이나 영국, 미국 등으로 유학을 시작했던 아이들도 있었고 반에 다수의 아이들이 유학을 갈 정도로 기세는 대단했다. 아이와 부모가 유학을 결심하게 된 이유는 여러 가지가 있겠지만 다들 큰 목표를 가지고 출발하였을 것이다. 한 가지 중요한 것은 아이가 유학에 대한 열정이 있느냐 하는 것인데 정말로 유학 가기를 원하는 아이일수록 조기유학의 효과는 크다. 유학을 결정하게 되면 유학원을 찾아가 상담하는 것이 보통이다. 유학원에 가기 전에 아이가 유학을 가고 싶은 이유나 목표대학 그리고 학업을 마친 후 주요 활동지를 어디로 잡을지 등의 방향을 미리 생각하고 가면 좋다.

물론 유학을 떠나 현지에서 공부하며 상황과 목표에 따라 아이의 방향이 바뀔 수도 있다. 아이비리그나 좋은 대학만을 보내기 위해 미국유학을 선택하는 것보다는 미래의 목표를 정해 계획하는 것이 좋다. 예를 들어, 대학을 졸업한 후 미국에서 계속 살 것인지 아니면 한국에 나와 일할 것인지까지도 생각해 봐야 한다. 딸아이의 경우, 미국대학을 졸업한 후 한국에 돌아와 직장을 다니고 만약 자신이 더 공부를 원한다면 다시 대학원 유학을 가는 것으로 방향을 잡았다. 사실, 유학원이나 전문가를 찾아보는 것도 빠른 방법이지만, 당시에는 유학생 엄마들을 위한 몇몇 네이버 온라인 카페들을 통해 정보를 수집하고 활용할 수 있었다. 하지만 최근에는 다양한 유학 정보 블로그 기고들이나 포스트들이 많아 다양한 정보들을 쉽게 접할 수 있어 좋다.

딸아이는 미국유학을 굳게 결심하고 2008년 중학교 2학년 때 미국 워싱턴(Washington)주 작은 도시에 있는 여자 보딩스쿨(기숙학교) 8학년으로 진학했다. 미국 학교들은 9월이 신학기이다. 사실 우리는 2월에 유학을 결정하고 허겁지겁 '원서마감 후 입학지원(Late Apply)'을 받는 학교들에 연락해 원서수신 여부를 확인하고 지원을 했다. 원서준비를 하면서 예전 유학시절을 되뇌듯 했지만, 역시 나라를 불문하고 갈수록 입시는 힘들어진다는 것을 깨닫게 한다. 우리의 계획은 8학년을 1년 마친 후 9학년부터 시작하는 미국 동부 쪽의 보딩스쿨로 편입한다는 단계적 목표가 있었다. 동부에 있는 대학에 진학하려는 아이의 의도 때문이었다. 사실은 조금이나마 체계적인 유학준비를 하면서 중학교 3학년 때 가는 방향을 고려해 보았었다. 하지만, 미들스쿨이나 주니어보딩으로 간주되는 8학년 때 먼저 미국에 가서 학교생활을 경험해 보는 것이 바람직하다고 생각했다.

아이의 성향에 따라 학교 선택이 달라진다고 하지만 대부분 적응의 문제가 훨씬 크다. 적응을 잘 하는 아이는 어느 학교에 가서나 생활을 잘 하기 때문이다. 대부분의 아이들은 어느 학교를 가더라도 잘 적응하며 학업 성적도 비교적 좋다. 하지만, 아이가 유학을 원하지 않는데 부모의 강요에 의해 유학을 떠나게 된 아이는 적응을 잘 하지 못하는 경우가 많다. 아이가 원하지 않아서도 그렇겠지만 아이의 독립심이 길러지지 않아서일 수도 있다. 딸아이의 경우, 초등학교 때 갔었던 호주여름캠프나 전교회장, 걸스카웃 활동 등의 리더십 경험을 통해서 자립심이나 자신감을 터득하게 된 것이 많은 도움이 됐다. 학교나 단체에서의 리더십 경험은 어떤 분야를 막론하고 입학에 큰 도움이 될 수 있다. 미국 학교는 한국 학교와 시스템부터가 다르다. 학교생활을 해 나가기 위해서는 우선 자립심이 필요하다. 부모가 알아서 일일이 알아서 해 줄 수 없으며 아이 스스로 선택하고 결정하며 책임져야 하기 때문이다.

부모와 아이가 선호하는 학교가 다 있으나 일단 합격이 된 학교 중에서 선택이 이루어진다. 보딩스쿨의 경우, 1000명 이상 규모의 큰 학교와 학생 수가 적은 작은 학교 그리고 여학교와 남학교로 나누어진다. 물론 사관학교나 종교계열 또는 예술계열 학교도 있다. 대개 원서를 내거나 내기 전에 캠퍼스 투어를 하는데 학교 분위기와 주변 환경을 미리 알아볼 수 있어 추천한다. 딸아이의 유학은 급하게 진행하게 된 터라 캠퍼스 투어는 생략했는데 다행히 작고 예쁜 도시의 아담한 여학교의 분위기는 따뜻했다. 아이는 8학년을 마치고 다시 9학년을 올라가서도 동부 보스턴에 있는 여자 보딩스쿨에 입학했다.

아이는 사실 여학교에 입학하는 것을 그다지 좋아하지 않았다. '여자아이는 여학교가 좋다.'라는 나의 편견에 의해 들어가게 됐다. 여학교가 싫어 학교를 옮기겠다고도 한 적도 있었다. 딸아이는 학교 다닐 때 여학교라 매우 편했던 점도 있었다고 한다. 여자아이들만 있다 보니 외모에 별 신경을 쓰지 않아 학교 안에서는 거의 추리닝 바람으로 활보했다. 사실 남녀공학 보딩스쿨도 처음에만 신경 쓸까 좀 지나면 남자 여자 신경 안 쓰고 지낸다지만 말이다. 아이는 고등학교 생활을 마치며 대학 가기 전, 너덜너덜할 때까지 입었던 후드 맨투맨들과 낡은 바지들을 정리하며 '수고했어.'라고 그들에게 이별 인사를 했다. 여학교에서 만들었던 소소한 추억들과 성향들이 잘 맞아 친하게 지냈던 끈끈한 여자들만의 우정들 그리고 늘 이끌어 주며 마음이 통했던 몇몇 선배들을 생각하면 여고시절이 다시 그리워진다고 말한다.

아이가 학교에 들어가면 상담을 맡아 줄 카운슬러 선생님이 배정되는데 수업선택이나 성적관리 등을 상담한다. 때에 따라서는, 아이의 적응을 돕거나 액티비티 활동 등의 도움이 필요할 경우 엄마가 학교 근처에 단기간 함께해 주는 것은 아이에게 힘이 되어 줄 수 있다. 그러나 너무 오랜 기간 함께 있는 것은 역효과가 난다. 나의 경우, 처음에 아이가 혼자 지내는 것을 힘들어해 학교 근처에 단기간 머물렀던 적이 있다. 그때 나는 학교에 자주 방문하고 선생님들과의 대화를 통해 학교시스템에 대해 조금 더 알아볼 수 있었다.

학교에서는 1년에 한 번씩 학부모간담회(Parents Conference)를 열어 아이들의 수업을 학부모들에게 공개한다. 상담 선생님을 비롯해 과목 선생님들과 만나 아이에 대해 이야기를 들을 수 있고 부모가 머무르는 며칠간 아이와 함께 지내는 기회가 되기도 한다. 물론 아이에 대한 상담은 언제든지 할 수 있다. 직접 만나서도 할 수 있지만, 이메일로도 충분하다.

아이들은 미술, 음악, 운동 등의 액티비티를 통해 즐거움을 찾고 스트레스를 해소해 나간다. 미국 학교 입학 시에도 아이들의 예체능 관련 활동들은 매우 중요한 스펙이 되며 이러한 활동들에 특별한 성적이나 수상기록이 있으면 합격에 큰 영향을 주기도 한다. 미국 학교들은 방과 후, 다양한 활동들을 제공하는데 아이들이 힘든 유학생활을 버틸 수 있는 힘을 길러준다.

딸아이는 8학년 때 학교 축구팀에 들어갔다. 덩치 큰 백인 여자애들과 몸을 부대끼며 추우나 더우나 잦은 시합을 뛰었다. 비가 부슬부슬 오던 날이었다. 파랗게 질린 입술을 꽉 깨물고 비를 맞아 가며 축구장을 뛰어다니던 딸아이를 보았다. 경기에 열중하며 즐거워하던 아이의 얼굴이 파노라마처럼 지나간다. 취미나 교외활동이 아이에게 얼마나 큰 힘이 되었는지 모른다. 아이는 보스턴에서 방과 후 활동으로 조정을 했다. 노를 젓지 않았지만, 선장격의 콕스로서 강가를 누비고 다녔다고 한다. 콕스는 8

명이 노를 젓고 배 앞쪽에서 방향을 지시하는 사람이다. 아이는 배를 타며 보스턴 강가의 시원한 바람을 가르는 기분은 표현할 수 없는 기쁨이었다고 회상한다.

아이가 학교에 입학을 하고 나서도 부모는 바쁘다. 보딩스쿨에 입학했다고 학교에서 모든 걸 다 알아서 해 주는 것이 아니기 때문이다. 일단 부모도 학교생활에 많은 관심을 가지고 아이와 소통이 잘돼야 한다. 대학을 가기 위해서는 학교에서 가르치지 않는 우리나라의 수능과 같은 대학입학 자격시험인 SAT나 대학과목 선이수제인 AP과목들이나 IB과목들의 공부는 모두 따로 해야 한다. 이러한 공부에 대한 정보는 부모들이 정보를 얻어 아이에게 전달해 주는 것이 보통이나 아이가 친구들이나 검색을 통해 찾기도 한다. 물론 이러한 시험을 대비한 공부 역시 아이에 맞는 방식을 찾는 것이 효과적이다.

방학 때 한국에서 학원을 다녀야 할 경우도 있고 스스로 독학을 해야 할 과목도 있을 것이다. 미국유학을 오기 전에 수학 과목의 선행을 해서 오면 수업이 좀 더 수월하다. 수학 과목은 한국 아이들이 잘하는 과목이기도 한데 수학에 매진하는 대신 다른 과목에 치중할 수 있는 여유를 주기 때문이다. 대학의 목표를 어떻게 잡느냐에 따라 SAT 점수목표나 다른 부수 과목들의 공부 여부가 달라진다. 또한, 대학을 갈 때 어떤 전공을 선택하느냐에 따라서도 대학 졸업 후 취업률이 결정될 수도 있다. 부모나 아이 역시 아이비리그 대학이나 유명대학을 가길 원한다. 필자나 필자의 아이 역시 그랬고 대다수 부모들의 생각이 다 그렇다. 하지만 돌이켜볼 때,

4차 산업혁명 시대에 접어 든 요즘, 대학의 명성이 학교를 졸업하자마자 사회생활을 하게 되는 데 큰 역할을 하지는 않는다. 아이의 열정과 의지가 바로 아이의 미래를 좌우하는 것이다.

실제로 많은 한국 부모들이 유학에 대한 부정적인 인식을 가지고 있다. 유학을 하면 취직이 안 된다는 생각을 한다. 미국대학을 졸업하고 미국 또는 한국에서 취업하여 자신의 미래를 잘 설계하는 아이들도 다수인데도 말이다. 물론 유학 생활 내내 한국 아이들이랑 놀기만 하다 돌아오는 아이들도 있다. 그런 아이들은 유학을 보내지 않는 것을 권유한다. 유학을 보내도 좋은 아이는 배움의 열정이 있는 아이, 새로운 환경에 도전해 보고 성장하고 싶은 아이이다. 반드시 대학의 졸업장을 갖기 위해서 유학을 하는 시대는 지나갔다. 유학이 목적이 아니라 유학에서 가질 수 있는 목표를 달성하기 위해 유학하는 시대가 온 것이다.

예를 들어, 아이가 관심 있는 분야의 학과나 직업의 공부를 하기 위해 유학을 선택하는 경우이다. 이 경우, 공부하고 싶은 분야를 보다 전문적으로 배울 수 있는 기회를 얻을 뿐만 아니라 영어공부도 함께할 수 있다는 것이다. 두 마리 토끼를 모두 잡을 수 있어 일거양득이 아닐 수 없다.

부모들은 대개 유학을 선택하며 많은 걱정을 하기도 한다. 유학을 희망하고 있는 아이에게 부모의 걱정스런 모습을 보이기보다는 새롭고 다양한 체험에 대한 기대감을 심어 주는 것이 중요하다. 유학을 결정했다면 부모는 아이에게 잘할 수 있다는 격려와 자신감을 북돋아 주는 것이 중요하다. 이것은 아이에게 무엇보다 유학생활을 잘 할 수 있는 저력이 될 수 있기 때문이다.

Part 5

감춰져 있는
내 아이의 잠재력의
비밀을 캐내자

21

너 자신을 알라,
메타인지의 비밀

우리 아이가 학교 전교 1등보다 더 오래 공부하는데 왜 성적은 더 낮을까? 우리 아이는 옆집 아이보다 학원도 더 많이 다니고 열심히 공부하는데 왜 옆집 아이보다 공부를 못할까? 그것이 알고 싶은 엄마들은 공부의 비밀 '메타인지'에 주목해야 할 것이다.

똑같이 노력해도 결과가 다른 이유, 메타인지는 무엇인가?

메타인지(Metacognition)란 자신이 알고 있는 것을 객관적으로 파악하는 능력이다. 즉, 자신의 인지능력에 대해 알고 이를 조절할 수 있는 능력이다. 다시 말해서 내가 무엇을 알고 무엇을 모르는지 파악하고 그에 적절한 방법을 적용할 수 있는 능력을 말한다.

똑같은 내용으로 시험을 보고 같은 시간을 공부하더라도 아이마다 성적은 모두 다르다. 단지 IQ 같은 지능지수나 암기력의 차이 때문일까? 수능 상위 1%인 아이들이 평범한 아이들에 비해 다르게 공부하는 것은 무엇일까? 대부분 타고난 머리가 좋아서라고 말할 수도 있을 것이다. EBS 〈학교란 무엇인가〉 8부 '0.1%의 비밀'에서 상위 0.1%의 고등학생들과 일반 학생들을 대상으로 '학업 성취도와 기억력의 상관관계' 실험을 진행했다.[55] 첫 번째 실험은 암기력을 테스트하는 실험이었다. 한 팀은 상위 0.1% 고등학생들이고 다른 한 팀은 일반 고등학생들로 구성됐다. 연관되지 않은 25개의 단어를 각 단어당 3초씩 듣고 외운 후 3분 동안 기억나는 단어를 모두 써야 했다.

결과는 예상 밖이었다. 평균 8개 정도의 암기력으로 0.1% 상위 학생들과 일반 학생들과의 차이가 크지 않았던 것이다. 하지만 분명 두 그룹의 차이는 존재하고 있다는 것을 다른 실험에서 알 수 있었다. 학생들에게 단어를 암기하게 한 뒤 자신이 몇 개의 단어를 쓸 수 있는지에 대한 실험에서였다. 일반 학생들 중 자신이 몇 개 단어를 기억할 수 있는지 제대로 맞춘 학생은 단 한 명도 없었다. 하지만 한 명을 뺀 0.1%의 상위 학생들은 모두 자신들이 기억할 수 있는 단어의 개수를 정확히 맞추었다. 아주대학교 심리학과 김경일 교수는 "각 팀의 차이는 기억력 자체의 차이가 아니라 자신이 얼마만큼 할 수 있는지 그것을 알고 있는 능력의 차이라고 생각할 수 있다."라고 말한다. 두 집단 사이의 확연한 차이는 IQ나 학습시간이 아니라 '메타인지'에서 비롯된다는 것이었다.

0.1% 상위 학생들은 사교육을 대체 얼마나 할까? 설문조사에 의하면 0.1%의 상위 학생들은 60.8%로 72%의 일반 학생들보다 사교육 의존도가 낮았다.[56] 여기서 더욱 흥미로운 점은 사교육 이용 전략이었다. 0.1%의 상위 학생들은 매일 의례적으로 학원에 가는 것이 아니라 자신이 부족한 부분을 충당할 시간으로 간주하고 전략적으로 활용한다는 것이다. 무조건 학원 교실에 앉아 시간을 낭비하는 것이 아니라 스스로 공부할 시간을 확

보하며 공부한다. 아이들은 유명강사나 인기학원의 강의를 들으며 자신이 모두 알아가고 있다는 착각을 한다. 하지만 실제로 배운 지식을 자기 것으로 만드는 작업을 통해야 진정 자신이 안다고 할 수 있다.

사람들이 알고 있는 지식에는 두 종류가 있다. 하나는 자신은 알고 있는 것 같지만 설명까지는 하지 못하는 지식이고, 또 하나는 정확히 알고 있고 또한 다른 사람들에게 설명도 가능한 지식이다. 이 두 지식 중 진짜 자신의 지식은 두 번째 지식이다. 예를 들어, 요리를 할 경우도 마찬가지다. 똑같은 재료와 방법으로 음식을 만든다고 하자. 한 사람은 만드는 방법은 대충 알지만, 설명까지는 힘들고 방법도 잘 기억하지 못 하는 경우와 또 한 사람은 자신만의 요리를 스스럼없이 만들 수 있고 설명까지 가능한 경우다. 방법도 서툴고 설명도 하지 못하는 사람은 진정 그 요리를 할 줄 안다고 말하기 어렵다.

공부 잘하는 아이와 공부 못하는 아이의 메타인지

메타인지 능력이 높은 아이들은 어떤 것을 배우고 학습할 때 그 내용에 대해서 자신이 무엇을 알고 무엇을 모르는지 알고 있다. 그리고 자신에 대한 정보들을 효율적으로 만들기 위해 계획, 실행하고 다시 점검해서 문제를 해결한다. 특히, 이 아이들은 학습 내용들을 분류하고 세분화하여 같은 시간을 할애하더라도 자신의 것으로 만들어 내는 기술을 가지고 있다. 이들은 자신만의 노하우로 학습한 것을 남에게 설명하고 가르칠 수 있다. 방송에 나온 학생 중 한 명은 자신이 배운 중요한 부분을 공부한 후

부모님 앞에서 '선생님 놀이'를 통해 그 내용을 설명할 수 있었다고 말한다.[57] 앞서 언급한 요리를 제대로 만들고 만드는 방법을 남에게 말할 수 있는 능력이다. 메타인지 능력이 높은 것은 자신의 장점을 살려 최고의 효율을 낼 수 있을 뿐만 아니라 자신만의 공부법을 창조할 수 있다는 점에서 매우 중요하다.

반대로 메타인지 능력이 낮은 학생은 아예 문제해결 시도를 하지 않거나 단순히 암기하는 것을 반복한다. 모르는 문제는 그냥 넘어가기 일쑤이며 단기간 암기하는 식이다. 실제로 배운 것도 자신은 배웠고 이해했다 하지만 확인과 점검 없이 지나쳐 버리니 배웠던 것은 공중분해 되어 없어진다. 자신에게 필요한 공부방법이 무엇인지 모르니 총체적 난국이 따로 없다. 성실히 학원수업에 빠지지 않고 책상머리에 몇 시간을 두고 앉아있지만, 효율이 없다면 무슨 소용이겠는가. 백해무익이 아닐 수 없다. 공부방법을 몰라 성적이 안 좋은 것은 너무 억울한 일이다. 각각의 아이에게 잘 맞는 옷이 있고 스타일이 있듯이 잘 맞는 공부방법과 특성들을 찾아야 한다.

메타인지를 키우는 방법

아이 자신이 내면의 상태를 들여다보는 능력을 키우는 것이 모든 것의 키워드이다. 아이가 자신의 상태를 객관적으로 파악하는 것이다. 배움에서 어떻게 하면 더 자신이 빨리 습득할 수 있고 모두 자신의 것으로 소화할 수 있는지 스스로 생각해 보게 하는 것이다.

자신의 내면의 성찰을 마친 후엔 아이에게 맞는 전략적 학습전략을 찾아본다. 자신의 메타인지적 생각을 과정으로 말해 본다.

"자, 지금까지 배운 내용들이 많이 있네. 어떻게 하면 모두 빨리 이해할 수 있을까? 우선 각 내용들을 노트정리로 만들어 정리해 볼까? 앗, 하지만 내용을 정리하는 데 너무 많은 시간을 할애할 순 없어. 그럼 비슷한 내용들을 분류해서 표시를 해 놓아야지. 이 방법이 효율적인지 한번 볼까?"

여기서 중요한 부분은 자신이 습득한 내용을 요약해 보거나 연습문제를 풀어 보는 등의 확인점검을 해야 한다. 이러한 점검 없이 맹목적으로 학습해 나가는 것은 자신의 상태를 과대평가하게 되는 경우를 만들게 한다. 예를 들어, 나는 다 알고 있는 것 같아 자신 있게 문제를 풀었는데 예상 밖의 결과가 나왔을 때 나를 과대평가한 셈이다. 모르는 것을 알고 있다고 착각하고 넘어가지 않기 위해서 또는 알고 있는 것을 다시 반복하면서 시간 낭비하지 않기 위해서 메타인지능력은 매우 효과적이다. 알고 있는 내용이나 같은 내용을 반복해서 재학습하기보다는 짚고 넘어가는 테스트 과정을 거치며 기억을 확인한다.

메타인지능력을 키우는 다른 한 가지 방법으로 유대인의 하브루타 학습방법이 효과적이다. 하브루타 학습법은 자신이 알고 있는 내용을 토론하고 다른 사람들에게 발표하는 학습법이다. 간단히 말하면, 말로 설명하며 공부하는, 말하는 학습법이다. 토론은 자신이 알고 있는 내용을 자신만의 것으로 만들었을 때 가능하다.

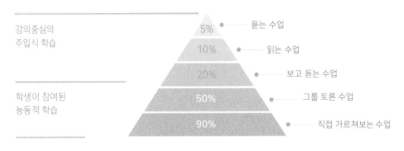

학습효과 피라미드
출처: NTL(National Training Laboratory)

미국의 NTL(National Training Laboratory) 연구소에서 발표한 연구결과를 살펴보아도 하브루타 학습법의 효과를 알 수 있다. 강의를 들은 하루가 지난 시점에 학생들이 듣기로만 진행된 강의의 경우엔 5%, 읽기 강의의 경우 10%의 학습기억력을 나타냈지만, 하브루타 형식, 즉 타인을 가르치는 방법으로 진행된 강의는 90%의 높은 학습기억력을 나타냈다. 자신의 말로 표현하고 발표해야 정말 자신이 알고 있다고 할 수 있다는 것을 보여 준다. 이 방법은 자신이 알고 있는 내용을 보다 객관적이고 논리적으로 사고하게 하여 폭넓게 생각하는 힘을 길러줄 수 있다. 말하는 학습법은 학교뿐만 아니라 가정에서부터 키워 나가야 한다. 아이가 자유롭게 자신의 질문과 의견을 말할 수 있는 분위기를 조성해 주고 부모가 함께 소통해 주는 것이다. 또한, 아이가 궁금증을 가질 때 부모는 아이 자신이 스스로 답을 찾을 수 있도록 유도해 주는 역할이 중요하다.

아이들의 학습방법은 아이들마다 다르다. 메타인지에서 가장 중요한 핵심은 아이에게 맞는 최상의 학습법을 찾아야 한다는 것이다. 아이가 자신의 상태를 파악하고 스스로 학습 동기와 방법을 찾아 나가는 것이 중요하다. 이것은 아이들이 행복한 학교생활과 넓게는 인생의 설계를 그려나가는 메타인지능력을 키우는 큰 힘이 될 것이다.

22

환경이 아이의
미래를 결정한다

딸아이가 유치원 때의 일이다. 교육환경이 마음에 들지 않아 몇 군데 유치원을 전전긍긍하며 옮겨 다니던 때였다. 아이는 당시 내성적인 성격에 엄마를 떨어져 유치원에 가는 것을 좋아하지 않았다. 나는 지인의 추천으로 아이를 동네에서 다소 떨어진 사설유치원에 보내게 되었다. 아이는 그 유치원 가는 것을 좋아했다. 이유인즉 딸아이는 마음에 맞는 친구들을 만났고 처음으로 유치원이 재미있다는 이야기를 했다. 사실 그 유치원 선생님의 자상함도 잊지 못한다. 담임 선생님은 입학 후 아이의 놀이상황이나 친구 관계 그리고 식사습관까지 상세하게 알려 주었다. 그 후로 딸아이는 점차 사교적이고 활발하고 밝은 성격으로 변화했다. 아이에게 잘 맞고 즐거움을 줄 수 있는 환경은 따로 있다. 아이에게 적합하지 않은 곳이라면 다른 환경을 찾아 주면 된다.

환경은 사람을 변화시킨다

사람들은 연초가 되면 운동을 해서 건강해지겠다는 결심을 하곤 한다. 하지만 작심삼일이 되기가 일수이다. 보통 마음가짐이 부족해서 실패한다고 생각한다. 하지만, 더 중요한 요인이 작용한다. 바로 환경이다. 운동을 시작하겠다고 마음을 먹으면 먼저 헬스센터부터 가입한다. 여기서 짚고 넘어가야 할 문제는 바로 헬스센터와 집이나 회사와의 거리이다. 헬스센터를 집이나 회사에서 가까운 곳으로 잡으면 운동을 지속할 가능성이 높다. 거실에 놓여 있던 TV를 치우고 서재처럼 책장을 놓아 보았다. 가족들은 불평을 늘어놓겠지만, 차차 서재에 익숙해져 책을 꺼내 들게 된다. 가족들에게 자연스럽게 TV 대신 서로 대화를 할 수 있는 공간이 되어 간다. 단순한 환경의 변화가 엄청난 변화를 일으킨다.

'맹모삼천지교'라는 말이 있다. 맹자의 어머니가 아들의 교육을 위해서 집을 세 번 이사 했다는 일화이다. 맹자의 어머니는 환경의 중요성을 일찍이 깨닫고 아이들을 위해 좋은 환경을 조성하라는 교훈을 주고 있다. 학교를 선택하는 데 있어서도 학교 성향이나 학생들의 면학 분위기도 매우 중요한 요인이 된다는 것은 말할 것도 없다. 공부하는 분위기의 환경에서 혼자 공부하지 않기도 쉽지 않기 때문이다. 어느 나라의 부모이든 교육에 관심이 있는 부모라면 모두 마찬가지일 것이다. 환경이 사람들에게 매우 중요한 요인이라는 점은 미국에서도 발견할 수 있었다.

《모두 거짓말을 한다》에서 저자 다비도위츠는 데이터 조사를 통해 놀라운 사실들을 알려 준다. 미국이란 같은 나라 안에서 거물을 훨씬 더 많이 배출하는 지역이 따로 있다는 사실이다.[58] 그 이유는 무엇일까?

월등히 인재를 많이 배출한 카운티의 대부분에는 대학촌이 있었다. 대학촌에는 흔히 접할 수 있는 음악과 예술 분야 등의 혁신들이 잠재해 있다. 특히 음악의 비중이 크다. 대학촌에 사는 학생들의 경우 음악연주회,

독특한 미디어방송 등을 자주 접할 수 있다. 이러한 예술이나 음악 분야의 노출은 유명인이나 훌륭한 사업가를 배출시킬 수 있는 요인이 된다고 한다니 모두 환경적인 영향이 아닐 수 없다. 물론, 미국이라는 나라는 독립된 주들로 형성되어 있어 우리나라의 교육과는 사뭇 다른 점이 많다. 하지만 결국 환경은 나라를 불문하고 아이들을 변화시킬 수 있는 매우 중요한 요인이라는 것이다.

정리하는 아이가 성공한다

습관은 인생의 매우 중요한 지침물이다. 한번 길들여진 습관은 바꾸기 힘들기 때문에 처음부터 바른 습관을 가져야 한다. 그중에서도 중요한 습관 중의 하나는 정리정돈이다. 정리정돈이 잘 된 아이는 학습능력도 좋고 친구들과의 관계도 원만하다. 책가방 정리부터 책상 정리를 보면 아이의 학습 상태를 짐작할 정도이다. 사실 공부할 시간도 부족해서 쫓기듯 생활하는 아이들이지만 정리정돈은 필수이다. 정리정돈이 안 된 아이들은 친구들도 좋아하지 않는다. 가방 속을 들여다보자. 한 달이 넘도록 구겨진 채 넣어져 있는 가정통신문, 여기저기 흩어져 있는 학용품들 그리고 먹다 남은 과자봉지까지. 쓰레기통이 연상된다. 물론 학교 책상 속도 마찬가지일 거다.

아이의 학습능력을 키우고 싶은가? 교우들에게 좋은 인상의 아이가 되고 싶은가? 그렇다면 정리할 줄 아는 아이로 만들어야 한다. 정리가 잘 되어 있는 아이는 기본적으로 남에게 불쾌한 감정으로 피해를 주지 않는다.

정리는 어릴 적부터 배우고 습관으로 되어야 한다. 정리는 일종의 능력이며 가정과 사회생활의 기본이 된다. 정리하는 습관은 미래에 아이의 업무에도 큰 영향을 미친다. 회사에서도 책상이나 서류와 업무 그리고 인맥정리까지 모두 정리의 능력을 필요로 하기 때문이다.

코넬대학교 심리학 교수인 앨리스 아이센은 "사람들이 긍정적인 감정일 때 더욱 창조적으로 문제를 해결하고, 사고도 더 유연하게 한다."라고 말했다. 깨끗하게 정리된 환경은 아이에게도 심신의 안정과 긍정적 감정을 샘솟게 한다. 긍정적 감정은 아이의 학습에 대한 의욕을 불러일으킬 뿐만 아니라 효율도 높일 수 있다. 아이가 틈틈이 생활 속에서 정리를 배우도록 해 보자. 아이가 자신의 방을 정리하면서 뿌듯해하고 상쾌한 마음이 들게 하자. 《아이의 공부습관을 키워 주는 정리의 힘》에서 정리 컨설턴트 윤선현 저자는 정리방법에 대해 이렇게 말한다.[59]

첫째, 필요 없는 또는 사용하지 않는 물건은 필요한 사람에게 준다. 남에게 나누어 주면서 나눔의 느낌을 알게 할 수 있다.

둘째, 같은 종류이거나 비슷한 물건들은 모아서 한 곳에 정리한다. 이 방법은 필요한 것을 찾을 때 시간을 줄일 수 있는 효율적인 방법이다.

셋째, 이왕이면 쌓아 두지 말고 세워서 보관한다. 세워서 보관하게 되면 사용할 수 있는 공간을 더 확보할 수 있는 장점이 있다.

이렇듯 조금만 생각하면 간단한 정리방법으로 아이의 학습환경을 보다 효율적으로 바꿀 수 있다.

누구와 어울리냐가 중요하다

살아가면서 누구를 만나느냐에 따라 인생이 바뀔 수 있다.

"몸도 마음도 나약한 아들 녀석을 잘 부탁하네."

그리스신화의 영웅 오디세우스는 트로이왕국과의 전쟁에 나서기 전 그의 외아들 텔레마쿠스를 가장 믿음직한 친구인 멘토에게 맡겼다. 멘토는 훌륭한 철학자였다. 그는 오디세우스가 전쟁에서 돌아오기까지 무려 20년간 텔레마쿠스를 정성을 다해 보살폈다. 때로는 엄한 아버지, 다정한 친구, 자상한 조언자 그리고 따뜻한 교사가 되어 준 멘토 덕분에 내성적인 소년 텔라마쿠스는 용감하고 지혜로운 청년으로 성장했다. 이후 멘토는 우리에게 지혜와 믿음으로 이끌어 주는 조언자라는 의미로 일컬어지고 있다. 멘토를 만난 것처럼 누구를 만나느냐는 것은 인생에 있어 매우 중요하다.

'친구 따라 강남 간다'는 말이 있다. 아이가 어울리는 친구의 중요성을 상기시켜 주는 말이다. 아이들에게 친구는 너무나 중요한 존재다. 내 아이가 공부 잘하고 모범적인 친구를 만나 서로 좋은 영향을 주고받으며 우정을 다져나갈 수 있다면야 더 바랄 것이 없을 것이다. 그러나 때로는 내 아이가 행실이 바르지 못한 친구와 가깝게 지내는 모습을 보여 줄 때가 있다. 그럴 때 아이가 알아서 다른 친구와 놀아야 할 텐데 엄마 마음은 어떻게 떼어놓아야 할지 조급함과 불안함만 늘어간다. 그렇다고 그 친구를 비난하면서 억지로 떼어 놓으려 한다면 아이는 반항심으로 만나지 말라는 친구를 더 자주 만나게 될 수도 있다. 이럴 때 부모는 어떻게 하는 게 좋을까?

우선 아이의 친구들 모두에게는 친절하게 대해 주어야 한다. 혹시 그 친구를 집에 데리고 오더라도 따뜻하게 맞아 주면서 잘 지켜봐야 한다. 아이가 어떤 점이 좋아 그 친구를 사귀는지도 지켜보면서 말이다. 그 친구에 관해서는 나쁜 점도 말하지 않는 것이 좋지만 좋게도 말하지 않는 것도 중요하다. 그리고 "요즘 네가 좀 변한 것 같아. 우리 아들 ○○가 아닌 것 같네?"라고 슬쩍 말해 주는 것도 좋다. 아이가 친구의 영향을 느끼면서 그 친구와 거리를 두어야겠다는 생각을 스스로 하게 될 수도 있다. 좋은 방법으로, 평상시 친구에 대한 규칙을 얘기해 주는 것도 권장한다. "엄마는 네가 여러 친구들을 사귀는 건 아주 좋다고 생각해. 뭐 공부를 잘하건, 왕따를 당하는 친구건 간에 마음이 통하는 친구랑 우정을 쌓아 가는 것은 중요해. 하지만 친구들을 괴롭히거나 위험한 행동을 하고 나쁜 버릇을 가지고 있는 친구들과는 가까이 하지 않는 것이 좋을 것 같아."라고 말이다. 주의해야 할 점은 친구를 성적이 아닌 인성을 기준으로 판단해야 한다.

부모의 무관심으로 무심코 지나쳐 버릴 수 있는 바르지 못한 환경은 아이에게 크나큰 영향을 줄 수 있다는 것을 알고 있어야 한다. 사소한 환경의 변화에도 아이들은 올바른 방향으로 성장할 수 있으며 나아가 건강하고 행복한 미래를 설계하는 일꾼이 될 수 있다. 지금 내 아이가 어디에서 무엇을 누구와 하고 있는지 살펴볼 때다.

23
칭찬받은 아이는
기적을 이루어 낸다

"다른 사람에게서 가장 좋은 점을 찾아내어 그에게 이야기해 주어라.

우리들은 누구에게나 그것이 필요하다.

우리는 다른 사람의 칭찬 속에서 자라왔다.

그리고 그것이 우리를 더욱 겸손하게 만들었다.

그 칭찬으로 인하여 사람은 더욱 칭찬을 받으려고 노력하는 것이다.

진실한 의식을 갖춘 영혼은 자신보다 뛰어난 무엇을 발견해 낼 줄 안다.

칭찬이란 이해다.

근본적으로 우리는 위대하고 훌륭하다.

누군가를 아무리 칭찬한다 해도 지나침이 없다.

다른 사람 속에 있는 위대함과 아름다움을 발견하는 눈을 길러라.

그리고 찾아내는 대로 그에게 이야기해 줄 수 있는 힘을 길러라."

- 칼린 지브란,《칭찬의 힘》

어른이나 아이 할 것 없이 모든 사람은 인정받고 칭찬받는 것을 좋아한다. 칭찬은 아이에게 자존감을 심어주고 긍정적인 사고를 지니게 함으로써 능력을 발휘하게 하는 특효약이다. 칭찬을 받은 아이는 자신이 사랑받고 있으며 부모가 자신에게 관심이 있다는 것을 확인하고 안심하게 된다. 이것은 아이의 마음을 안정시켜 부드럽고 공감할 줄 아는 성격을 갖게 만든다. 부모의 칭찬을 받고 자란 아이는 스스로 할 일을 잘 하며 부모와 아이의 관계도 더욱 돈독해진다.

'칭찬은 평범한 사람을 특별하게 만드는 마법의 문장'이라고도 말한다. 이런 칭찬에도 올바른 칭찬이 따로 있다니 부모가 아이에게 말하는 달콤한 말 한마디가 조심스럽기도 하다. 그렇다면 아이에게 긍정적인 영향을 줄 수 있는 올바른 칭찬의 방법에는 어떤 것들이 있을까?

칭찬의 효과를 극대화하는 방법

1. 있는 그대로 구체적으로 칭찬한다.

칭찬의 이유를 구체적으로 말해 준다. "아주 잘했네", "천재구나", "역시 머리가 좋아" 등 라는 성격이나 결과에 대해 또는 두루뭉술하게 말하기보다는 "설거지를 도와줘서 엄마가 조금 편했어", "시간표를 짜서 실천하니 효과적이었구나" 등 아이의 행동이나 노력에 대해 칭찬해 주는 것이 좋다. 즉, 아이가 한 행동의 어떤 점이 훌륭했는지 구체적으로 말하는 것이 효과적이다. 칭찬을 받은 이유를 정확히 알아야 그 일에 대해 기뻐하고 그 행동을 계속하려는 노력도 하게 되기 때문이다. 아이는 구체적인 칭찬을 받으면 스스로 하고 싶은 것을 생각하고 실행하는 능력이 높아진다. 이러한 구체적인 칭찬은 아이 자신이 행동으로 얻는 결과를 짐작하게 만들어 자기조절력은 물론 자신감과 책임감을 가지게 한다.

구체적이지 않고 명확하지 않은 칭찬은 오히려 아이의 평가에 대한 혼란을 가져온다. 예들 들어, 악기를 배우는 데도 선생님이 어떤 때에는 "잘했어!"라고 하고 또 어떤 때에는 구체적 인 이유도 없이 "좀 더 잘해 보자."라고 한다면 아이는 어떻게 해야 잘하는 것인지 의문이 들게 된다. 이처럼 불명확한 칭찬에 길들여진 아이는 자신이 어떤 것을 잘 했는지도 모른 채 칭찬 자체에만 집착하게 될 수 있다. 이러한 집착은 다음에도 잘해야 한다는 부담감으로 아이들을 압박할 수 있다.

스탠퍼드 대학교 심리학과 캐럴 드웩 교수는 "칭찬에 익숙해진 아이들은 차라리 열심히 하지 않고 좋지 않은 결과를 받은 다음, 사람들로부터 '쟤는 정말 머리가 좋은 아이인데 열심히 하지 않아서 그런거야.'"라는 평가를 받으려 한다며 꼬집어 말했다. 이처럼 칭찬의 긍정적인 효과를 얻기 위해서는 아이의 구체적인 행동에 대한 명확한 평가가 필요하다.

2. 칭찬할 일이 있으면 즉시 칭찬한다.

칭찬은 아이가 행동을 한 즉시 해야 효과적이다. 시간이 지나면 기억이 흐려지는 것처럼 칭찬의 효과 또한 흐려지기 마련이다. 아이들은 자신이 한 행동에 대해 부모가 즉시 반응해 주기를 원한다. 아이가 자신이 한 행동에 대해 강한 자부심을 가지고 있을 때 칭찬해야 한다. 왜냐하면, 즉각적인 부모의 칭찬은 아이의 자부심에 대한 마음을 굳건히 할 수 있기 때문이다. 부모는 평소에 아이의 칭찬할 만한 장점을 잘 살펴보아야 한다. 그리고 아이의 칭찬할 만한 행동에 즉각적인 칭찬을 아끼지 말아야 한다.

3. 결과보다 과정을 칭찬한다.

　과정을 칭찬해 주는 것은 하고자 했던 일에 대해 성공도 실패도 모두 인정한다는 말이다. "반에서 일등을 했구나!"라고 칭찬하기보다는 "얼마나 많은 노력을 했니." "정말 수고했어."라는 칭찬을 하자. 놀고 싶은 것도 참아가면서 공부했던 아이의 마음을 알아주는 것만으로도 아이는 힘이 난다. 반대로 아이가 최선을 다해 공부를 했는데도 점수가 낮게 나올 수 있다. 이럴 때 부모가 낮은 점수를 가지고 지적한다면 아이는 의욕을 잃어버린다. 이럴 때일수록 부모는 아이가 열심히 공부한 것에 대한 과정을 칭찬하며 아이에게 결과보다 과정의 소중함을 배우게 해야 한다. 아이가 잘 해낼 때만 칭찬을 받게 되면 아이는 부담감과 실패에 대한 두려움을 갖게 되니 주의해야 한다.

칭찬받은 나폴레옹 프랑스 황제가 되다

　프랑스의 식민지였던 작은 섬 코르시카 출신의 나폴레옹이 프랑스 유년 사관학교에 다닐 무렵의 이야기다.[60] "우리의 노예 코르시카 놈아! 우리는 너의 형님들이니 깍듯하게 대해라!" 프랑스 학생들은 나폴레옹에게 온갖 수모를 주고 비웃음을 퍼부었지만, 나폴레옹은 꿋꿋이 견디며 공부했다. 이를 기특하게 생각한 교장 선생님은 나폴레옹을 반장으로 임명했다. 그러자 프랑스 학생들은 나폴레옹을 반장으로 임명하는 것에 대해 거세게 반발했다. 교장 선생님은 반발하는 프랑스 학생들에게 나폴레옹을 칭찬하며 말했다. "나폴레옹은 총명하고 인내심 또한 출중한 학생이다. 비록 프랑스의 식민지 코르시카 사람이지만 장교로서 손색이 없는 최고의 능력과 성품을 갖추었다." 유년시절 교장 선생님의 칭찬은 훗날 나폴레옹을 "나의 사전에는 불가능이란 없다."라고 말한 프랑스의 황제를 만든 것이다.

칭찬은 부정적인 것도 긍정적인 것으로 변화시키는 위력이 있다. 150㎝의 작은 키에 식민지 섬 출신이라는 데에서 오는 열등감은 나폴레옹의 인내와 자신감을 가로막을 그 어떤 장애물도 되지 못했다. 교장 선생님의 칭찬 한마디의 위력은 한 사람의 삶을 송두리째 바꿔 놓은 거대한 힘이 되었다. 자신을 격려해 주고 믿어 주는 사람으로부터의 칭찬은 인생의 방향을 결정하는 열쇠이자 마음을 움직이는 저력이 된다는 것이다.

칭찬은 리더십이다

적절한 시기에 관용을 베풀고 용기를 불어넣어 주는 칭찬은 성공한 리더의 덕목이다. 자신을 알아주는 사람을 위해서는 목숨도 바친다는 옛말이 있다. 칭찬을 받으면 누구나 자존감이 올라가고 더 많은 능력을 발휘하게 된다.

세계적인 부호이자 석유왕으로 유명한 록펠러 1세의 이야기다. 회사 직원 중 한 사람인 에드워드 베드포드의 큰 실수로 회사가 백만 불 상당의 손해를 보게 되었다. 1900년대 초의 1백만 달러는 지금 돈으로 환산하면 몇 천억 달러가 되는 큰돈이었다. 그는 베드포드가 최선을 다한 것을 알고 있었지만, 손해는 이미 엎질러진 물이었다. 그는 화가 난 마음을 가다 듣고 종이 위에 베드포드의 장점들을 나열하기 시작했다. 록펠러는 무엇이라고 말했을까? 록펠러는 자신을 찾아온 베드포드에게 "자네는 경영의 귀재이군! 그 어려운 상황에서 60만 불이나 회수했으니 말이야. 내가 했다면 얼마나 회수했을지 모를 일일세. 다음 프로젝트 역시 자네가 맡아 주게!" 록펠러는 베드포드의 실수를 질책하기보다는 잘한 점을 칭찬해 주었다. 베드포드는 자신의 실수를 눈감아 주고 오히려 칭찬하고 능력을 인정해 준 록펠러를 위해 더욱 열심히 일했고 록펠러는 세계적인 사업가로 성공할 수 있었다.

칭찬은 고래도 춤추게 한다는 말이 있다. 칭찬과 격려를 받은 돌고래가 멋진 쇼를 하듯이 칭찬을 받으면 아이는 행복하고 자존감이 올라간다. 부모의 진심 어린 칭찬을 받고 자란 아이는 긍정적인 삶을 살아갈 수 있으며 험한 세상에 나가서도 용기를 가지고 헤쳐 나갈 수 있는 힘이 있다. 아이가 잘했을 때 칭찬하기는 쉽다. 하지만 아이가 만족한 결과를 얻지 못하고 잘하지 못했을 때도 엄마나 아빠가 아이를 믿어 주는 한 사람이 되어 칭찬과 격려를 해 준다면 어떨까? 칭찬받는 아이는 행복하다.

24
결핍과 절실함은
내 아이 성공의 원동력이다

하나밖에 없는 딸아이를 어떻게 키워야 하나 고민했던 시절이 엊그제 같다. 무엇이든지 다 해 주고 싶은 것이 부모의 마음이다. 돌이켜보면 하루하루가 아이를 위해서 살았던 날이었지만 아이에게 진정 무엇이 필요한가를 깊게 생각해 볼 여유는 없었다. 아이의 인생을 위해 진심으로 무엇을 어떻게 해야 하는지 장기적으로 생각하는 것이 필요했다. 하지만 바로 코앞의 목표 달성에만 연연하면서 멀리 내다보는 안목은 안중에도 없었다. 요즘 아이들은 대부분 부족한 것이 별로 없이 성장한다. 그래서 모든 것이 풍족한 반면에 아이들이 스스로 필요한 것을 찾아 이루려는 의지가 없어지고 있다. 우리 아이들은 결핍을 경험하고 필요한 그 무엇을 찾고 이루어나갈 꿈과 목표를 가지는 것이 중요하다. 그것은 아이들을 발전시키는 힘이며 절실함을 만드는 마중물이다. 절실함은 아이들의 인생을 진정으로 풍요롭게 만들어 주는 도구이며 성공으로 다가가게 하는 원동력이다.

우리가 잘 알고 있는 영화 〈트랜스포머 2〉, 〈트랜스포머 4〉, 〈어벤저스〉 등 할리우드 흥행대작의 콘셉트 디자인을 만들어 낸 할리우드 최고의 콘셉트 디자이너 스티브 정은 이렇게 말했다.[61]

"결핍은 내가 열정적으로 일할 수 있는 동기였다. 뼈저린 가난 때문에 하고 싶은 것이 많았는데 하지 못했고 제약도 너무 많았다. 그러다 보니 내 안에서 '해 보고 싶다', '이루고 싶다'는 간절함이 가득했다. 결핍이야말로 자신을 발전시킬 수 있는 가장 큰 원동력이라고 생각한다."

이처럼 성공신화를 만든 사람들의 스토리를 들어보면 결핍이 성공의 원동력이라고 말한다. 자신들에게 간절함이란 바로 결핍에서 시작되었기 때문이다. 요즘 아이들에게 꿈이 무엇이냐고 물어보면 대부분 솔직하게 "그런 거 없는데요."라고 말한다. 어른들 역시 어릴 적 꿈을 가져 본 사람은 그리 많지 않을 것이다. 부족한 것 없이 자라온 아이들은 대부분 꿈이 없다. 어찌 보면 당연하다고도 생각된다. 결핍이 없기 때문에 덤덤히 인생은 즐기면서 사는 것으로 생각하고 딱히 무엇을 해야 할 생각을 가질 이유가 없는 것이다. 몇 년 전 TV 프로그램에서 한 방송인이 "어떻게 하면 자녀에게 결핍을 경험하게 할지 고민한다."는 얘기를 한 적이 있다. 결핍이 꼭 가난이나 경제적으로 힘들게 하는 것만이 아니다. 이제는 아이들이 가지고 있지 않거나 이루고 싶은 꿈이나 목표가 결핍의 대상이 될 수도 있으니 말이다.

예전에 우리는 헝그리 정신이란 말을 많이 했다. 가난하게 태어나 이 가난을 아이에겐 물려주지 않겠다는 절실함만으로 시작하여 자수성가한 성공스토리가 많이 있었다. 그땐 모든 것이 많이 부족하고 간절했던 시절이었다. 이후 급속도로 빠른 경제성장으로 우리나라는 지금 엄청난 발전을 이룩했다. 우리 조부모, 부모님 세대의 힘겨운 노력으로 후대에 경제적 여유를 물려받았지만, 상대적으로 절실함을 가진 도전정신은 점점 더 사라져 가고 있다. 대부분 지금처럼 무엇 하나 부족함이 없는 아이들에게 과연 절실함은 무엇일까? 이제는 아마도 물질적인 부분이 아닌 정신적인 마음가짐의 태도일 것이다.

《손자병법》의 〈구지(九地)편〉에서 '분주파부(焚舟破釜)'라는 말이 나온다. 배를 불태워 버려 전쟁에서 지면 돌아갈 배도 없고 솥을 깨트려 더는 밥해 먹을 솥도 없다는 의미다. 이러한 결핍으로 절실한 상황을 만들어 병사들로 하여금 오로지 승리를 향해 돌진하게 한다는 의도가 숨어 있다. 물러날 곳도 선택의 여지도 없는 절실한 상황이 싸움에서 승리를 가져올 수 있다는 것이다. 과거 전쟁에서도 군사들의 절실함이 얼마나 중요하며 승리의 필수요소이었음을 알 수 있다.

풍족함이 오히려 병이 되어 버린 아이들

최근 심리학자들의 연구에 따르면 20대 젊은이들 가운데 원인 모를 우울증을 겪는 사례가 많아졌다고 발표했다. 부모와의 사이가 좋았고 굴곡 없는 이상적인 유년시절을 보낸 젊은이들이었다. 그들은 어떤 이유에선

지 자신의 삶이 행복하지 않다고 했다. 원인을 분석해 본 결과 아이들의 우울증은 일종의 나약함과 풍족함에서 비롯된다는 결과가 나왔다. 부모들은 아이들이 실패하지 않기를 바란다. 그래서 아이들이 힘들어하거나 고난을 겪지 않도록 스스로 극복해 나가기 전에 부모들이 모든 것을 채워 주고 길을 열어 준다. 부족함이 없이 풍족한 상태에서 아이들은 무엇 하나 해야 할 동기도 없다. 고난이나 실패를 겪어 본 경험이 없어 성장하지 못하고 나약하다. 도전할 용기도 없고 실패할 자신도 없는 아이가 되어 인생은 무의미해지고 행복하지 않다는 말이다.

그리고 심리학자들은 요즘 부모들에 대해 이렇게 말한다. "많은 부모들이 자녀가 실패나 좌절, 어려움을 겪지 않도록 무엇이든 대신 해결해 주려 자처한다. 하지만 이는 진정으로 아이들의 행복을 위한 것이 아니다. 왜냐하면, 이렇게 성장한 아이들은 성인이 되어서 자신의 작은 실패에도 견디지 못하고 좌절한다. 부모가 해 주지 않으면 아무것도 하지 못하는 나약하고 의존적인 성인이 돼 버린다."

아이들이 실패하지 않기를 바라는 부모의 마음은 마찬가지다. 하지만 고난이나 역경 또한 삶과 인생에 한 부분이며 아이들이 스스로 해결해 나가는 처세의 기술을 익혀 가야 한다. 부모가 나서서 아이들의 삶을 좌지우지하며 모든 것을 해결해 주려 한다면 아이들의 문제해결 능력에 심각한 영향을 주어 훗날 아이들이 어떤 성인으로 성장하게 될지는 상상에 맡기도록 한다.

아이들을 받들어 키우지 말아야 한다

요즘 아이들이 최우선인 가정이 대부분이다. 아이들의 학업이 가장 우선시 되다 보니 부모는 뒷전이고 아이들이 가정의 중심이 되어 버린 것이다. 그러다 보니 아이들은 타인의 배려는커녕 부모에 대한 예의나 존경심도 상실한 채 성장해 버리기 쉽다. 공부만 잘하면 뭐든 통한다는 부모의 생각부터 고쳐야 한다. 아이들은 사랑받는 존재이지 받들어야 하는 존재는 아니다. 입시라는 명목 아래 아이들은 오직 공부만 하는 상전으로 받들어지고 부모가 차려 놓은 밥상에만 의존하다 대학을 졸업한다. 아이가 학업에 몰두하는 것만으로도 감사하게 생각한다는 부모도 있겠지만 아이도 가정의 한 일원으로서 실생활 분담을 해 보도록 하는 것이 현명하다. 아이가 스스로 할 수 있는 일은 하게 하고 아이가 도움을 청하면 도와준다.

나의 딸은 어릴 때부터 집안에 제사가 있을 때나 명절 때마다 전을 부치거나 음식을 나르는 것을 도맡아 한다. 미국에 유학해서 한국에 없을 때를 제외하곤 방학 때나 한국에 있을 때 항상 어른들을 돕는 것을 생활화하고 있다. 딸아이는 어린 시절 부모나 어른이 도움을 청했을 때 자신이 인정받고 한몫을 한다는 데에 뿌듯함을 느끼고 즐거웠다고 말한다. 어릴 때부터 가사일을 돕게 하고 사소하더라도 역할을 담당하게 해 보는 것은 매우 중요하다. 실생활에 대한 경험을 습득한 아이들은 다른 상황이 생길 때 잘 적응할 수 있을 뿐만 아니라 부모를 돕고 성취감도 맛보게 되기 때문이다.

절실함을 키울 수 있는 꿈을 찾아라

미국 세계적인 할리우드 영화감독 스티븐 스필버그는 꿈을 찾기 위해 자신 안의 속삭임에 귀 기울이라고 조언한다. 분명 자신이 원하는 것은 자신의 내면 안에 있다는 것이다. 계속 스스로에게 질문을 던져보면서 호기심을 가지고 캐내야 한다. 모든 답은 자신 안에 있기 마련이다. 또한, 무엇을 시도해 보기 전엔 자신이 무엇을 잘하는지 좋아하는지 알 수 없다. 그러니 무엇이든 자신에게 기회가 주어졌다면 열정적으로 해 보고 부딪혀 봐야 한다. 호기심을 가지고 찾다 보면 분명 맞닥뜨려지고 연결되는 꿈을 찾을 수 있다. 꿈은 우리를 간절히 원하게 해 주고 그 꿈을 위해 실천할 계기를 마련해 준다. 그 꿈에 대한 절실한 바람과 지속적인 노력으로 이루어지는 것이다. 정말 간절히 원한다면 모두 얻을 수 있다. 기회가 주어지는 대로 경험을 쌓아 보고 켜켜이 쌓여 가는 경험의 자양분이 마침내 튼실한 꿈나무를 키우게 될 것이다.

스스로의 노력과 열정으로 지금의 엄청난 성공과 부를 이룬 알리바바의 마윈 회장은 아이들에게 절실함을 보여 주는 좋은 롤모델이다. 마윈은 숱한 강연 중에서 이렇게 말한다. "많은 사람들은 돈이 적어서 실패하는 것이 아니라 돈이 많아서 실패한다." 물질적인 부족함보다는 간절함의 결여를 강조한 말이다. 아이들을 애지중지 키우고 싶은 건 세상의 많은 부모 마음이다. 그러나 진심으로 아이의 행복한 삶을 위해서라면 결핍과 절실함을 알게 하는 것이 중요한 교육이다. 결핍은 꿈을 찾게 만들고 절실함을 느끼게 해 준다. 아이들이 꿈을 찾아 의미 있고 성공적인 삶을 찾아 행복하게 살아가길 바란다면 절실함을 가지고 성장할 수 있도록 이끌어 주어야 한다.

25
시련도 역경도 이겨 낼 수 있는
회복탄력성 키우기

회복탄력성(Resilience)은 마음을 치유하는 힘이다. 우리의 몸의 상처를 보호하고 치유하려는 면역력이 있듯이 마음에도 치유력이 있다. 스트레스나 실수 또는 부정적인 감정 등을 경험할 때 잘 버티고 원래의 상태로 회복할 수 있는 능력이다. 이러한 치유의 힘은 단지 실패나 좌절에서 벗어나는 것뿐 아니라 포기하지 않고 더 나아갈 수 있는 원동력이 된다. 아이들이 앞으로 세상을 살아가는 데 매우 중요한 요소다. 우리는 건강을 위해 운동을 하고 매일 근력을 키운다. 근력은 단숨에 길러지는 것이 아니라 꾸준한 훈련을 하면서 키워나갈 수 있다. 이처럼 마음의 근력인 회복탄력성도 꾸준한 학습과 습관으로 만들어 나가야 한다.

회복탄력성의 유래

1950년대 중반 아름다운 폭포와 계곡으로 둘러싸인 카우아이 섬에서 대규모 연구가 시작되었다.[62] 카우아이 섬 주민들은 대를 이어 가난과 질병에 취약했고 대부분이 알코올 중독자나 정신질환자들이었으며 청소년의 비행문제도 심각한 수준이었다. 이 연구는 1955년 이 섬에서 태어난 모든 신생아 833명을 대상으로 아이들이 성인으로 성장할 때까지 가정환경과 사회가 이들에게 미칠 영향을 조사하는 취지에서 시작되었다. 어떠한 요인들이 이들을 사회적 부적응자로 만드느냐에만 중점을 두었던 연구였다. 연구결과는 예측했던 것과 같이 이 섬의 불우한 환경이 아이들에게 부정적 영향을 끼친다는 뻔한 사실과 별반 다르지 않았다.

하지만 이 연구에 주도적으로 참여했던 심리학자 에미 워너는 여기서 한 가지 놀라운 사실을 발견하게 된다. 처음 착수한 833명 중에서도 더 열악한 환경에서 자란 소위 '고위험군'에 분류된 201명을 다시 분석했고 그 결과 3분의 1인 72명이 문제아로 성장했을 거란 예측과는 달리 출생환경에 전혀 영향을 받지 않았다는 사실이었다. 심지어 좋은 환경에서 성장한 아이들보다 더 긍정적이고 자신감 있는 훌륭한 젊은이로 성장했다는 것이다. 그녀는 이처럼 불우한 환경에서 훌륭하게 자라게 된 비밀을 연구하게 되는데 정답은 바로 '관계'였다. 어떤 난관 속에서도 자신을 믿어 주고 사랑하는 단 한 사람이 있다면 아무리 힘든 역경이라도 견디고 올바르게 성장할 수 있다는 것이었다. 심리학자 에미 워너는 이것을 '회복탄력성'이라 불렀고 회복탄력성의 핵심적인 요소는 '인간관계'였다.

회복탄력성은 선천적, 유복한 환경 또는 화려한 배경 등이 아닌, 인생에서 만난 한 사람과의 관계 속에서 이루어진다. 어찌 보면 사랑받고 인정받으며 자란 아이가 회복탄력성이 높다는 것은 당연한 일일 것이다. 우리는 모두 회복탄력성이란 항체를 가지고 있다. 하지만 이것을 나의 것으로 개발하느냐 마느냐에 따라 역경을 대하는 태도와 의지가 전혀 달라진다.

'해리 포터'의 저자인 조앤 롤링은 20대 초반의 이혼녀였다. 본래 영국 태생의 그녀는 포르투갈로 가 그곳의 남자와 결혼하게 되는데 2년 만에 이혼을 했다. 어린 딸과 무일푼으로 지하 단칸방 생활을 연연하며 찌든 가난과 우울증은 그녀를 괴롭혔다. 그녀는 어린 딸에게 읽어 줄 동화책 한 권 사줄 돈이 없어 자신이 직접 동화책을 쓰기 시작했다. '해리 포터'의 탄생은 이렇게 시작됐다. '해리 포터'는 엄청난 인기를 끌고 그녀에게 부를 가져다주었다. 마침내 조앤 롤링은 영국 여왕보다 더 큰 부를 얻었고 세계 억만장자 대열에 올랐다. 그녀는 이렇게 회상한다. "실패가 너무 두려웠습니다. 하지만 피할 수 없는 현실로 다가오자 제 자신을 있는 그대로 받아들이고 오히려 더 용기를 낼 수 있었습니다. 실패했지만, 아직 제가 살아 있다는 것에 감사했고 제 옆엔 사랑하는 딸이 있었습니다. 그리고 마법을 찍어 낼 것만 같은 낡은 타자기가 저의 엄청난 아이디어를 기다리고 있었죠."

우리의 삶은 갖가지 고난과 역경을 거치면서 살아간다. 사람들은 누구나 역경들을 이겨 낼 잠재적 능력을 가지고 있지만 이겨 내려는 강한 의지가 더욱 필요하다. 역경이야말로 사람을 좀 더 높은 곳으로 다다르게 하는 스프링과도 같은 역할을 한다. 회복탄력성이 높은 사람은 온갖 역경 속에서 밑바닥까지 떨어졌다가도 다시 일어난다. 그리고 더 높은 곳까지 올라가는 특성이 있다. 떨어져 본 사람만이 어떻게 다시 올라가야 하는지 그리고 다시 치닫고 올라가야 하는 이유를 절실히 느끼며 그 힘을 키운다. 이런 사람들의 특징은 역경을 긍정적으로 받아들이고 오히려 도약의 발판으로 삼아 보다 더 높은 성공과 발전의 기회를 만들어 낸다는 것이다.

아이의 강한 내면의 힘

프랑스 발달심리학 박사 디디에 플뢰(Didier Pleux)는 "경쟁사회에서 여러 시련에 부딪히는 청소년들에게 좌절을 극복하는 내면의 힘을 길러 줘야 한다."고 말했다.[63] 풍요로움 속에서 살고 있지만 혼자서는 아무것도 못하는 점점 나약해져 가는 아이들의 현실상을 직면한 말이다. 소중한 아이일수록 시련을 겪어 보게 하고 하기 싫어하는 일을 시켜 보라고 권한다. 부모의 지나친 보호나 간섭 때문에 요즘 청소년들이 문제를 스스로 해결하지 못하고 나약해져 가기 때문이다. 청소년들에게 역경을 이겨 낼 수 있는 힘을 길러줘야 한다. 디디에 플뢰 박사는 "회복탄력성이란 돌발적인 상황을 극복하고 적응하는 능력"이라고 강조한다.[64] 부모의 무조건적인 협조와 자발적 도움은 아이들을 뭐든 자기 마음대로 할 수 있다는 생각을 키운다. 이렇게 키워진 아이들은 학교성적이 떨어지거나 친구들과 의견이 일치하지 않거나, 혹은 자신이 의도한 뜻대로 되지 않는 경우 좌절할 수 있다. 아이들에게 늘 '오냐오냐' 말하는 것보다는 상황에 따라 '안 돼'라고 말할 줄 아는 부모가 돼야 한다. 그럼으로써 아이는 현실을 알아가게 되고 현실에 대한 문제를 극복할 수 있는 힘을 키우게 된다. 끝없이 무언가를 요구하거나 불만을 늘어놓는 아이와 마찬가지로 자신감이 없는 아이들도 있다. 이들 또한 아이 자신이 문제를 해결해 나갈 수 있도록 탄력회복성을 길러주어야 한다.

회복탄력성 키우는 방법

1. 긍정적인 마인드를 키운다.

회복탄력성을 높이려면 우선 긍정적 정서를 길러야 한다. 긍정적 정서는 특히 부모나 형제자매 등 가정 일원에게서 많은 영향을 받는다. 부정적인 부모 밑에 부정적인 아이가 나오는 법이다. 회복탄력성이 낮은 아이는 매사에 부정적이다. 자신을 그냥 내버려 두라는 말을 자주 하며 어떤 일에든 시큰둥하다. 다른 사람들과 어울리기 힘들어하고 한번 실수했을 때 '실패'했다고 생각한다. 부모부터 긍정적인 마인드를 가지는 것이 필요하다. 아이가 실수를 했을 때도 부모의 긍정적인 태도가 중요하다. 아이가 열심히 노력했는데 결과가 나빴을 때 아이의 노력을 인정해 주고 칭찬해 주자. 부모가 평소에 감사하는 마음을 생활화하면 아이들 역시 감사하며 긍정적인 마인드를 가지게 된다. 엄마의 긍정적인 말과 믿음, 사랑은 아이에게 행복감을 느끼게 하고 회복탄력성을 높여 준다.

2. 자기조절능력을 키운다.

어린아이들은 자기중심적인 경우가 많다. 참을성이 없으며 쉽게 짜증을 낸다. 자신이 원하는 것을 모두 할 수는 없으며 다른 사람과의 관계에서 양보가 필요하다는 것을 가르치자. 다른 사람을 공감하며 남에게 피해를 주는 것은 나쁘다는 것을 알아야 한다. 어릴 때 이런 감정의 조절능력을 배우지 못한 경우 학교에서나 사회에 나가 대인관계에 부정적인 영향을 준다. 압력이나 스트레스를 받는 상황이라면 감정과 행동을 자제할 수 있는 조절력을 키워야 한다.

3. 대인관계능력을 키운다.

대인관계능력은 사회성으로서 소통능력을 포함한다. 바로 진지하고 올바른 인간관계를 맺고 유지하는 능력이다. 소통은 다른 사람들의 감정을 이해하고 상대방의 입장에서 공감할 수 있는 기본적인 관계능력이다. 카우아이 섬의 아이들의 사례와 같이 부모의 믿음과 사랑 그리고 칭찬은 아이들에게 건강하고 행복한 인간관계를 맺을 수 있는 힘을 길러준다.

4. 부모가 다 알아서 해 주는 것은 독이다.

뭐든지 부모가 알아서 해 주고 다 받아 주기만 하는 아이는 거절당하거나 자신 뜻대로 되지 않는 것을 잘 참지 못한다. 자신의 감정을 조절하지 못하는 것이다. 사실 아이가 문제에 봉착했을 때 너무 안타깝게 여겨 부모가 대신 해결해 주는 것은 아이를 위한 일이 아니다. 아이가 문제를 스스로 해결할 수 있도록 기다려 주는 것이 장차 아이가 혼자 힘으로 발전해 나갈 수 있게 도와주는 것이다. 아이의 노력에도 불구하고 문제를 잘 해결하지 못할 경우, 적절한 조언이 필요하다. 바로 정답을 말해 주는 것보다는 문제해결의 방법을 찾도록 유도해 주는 것이다. 아이는 시행착오와 실수를 거듭하면서 스스로 정답을 찾게 된다. 자율성을 바탕으로 아이가 자신의 힘으로 스스로 계획을 세우고 삶의 즐거움을 맛보게 해야 한다.

얼마 전 타계한 유명한 영국의 물리학자 스티븐 호킹은 이런 말을 남겼
다. "사랑하는 사람들이 없다면 우주는 그리 대단한 곳이 아니었을 것이
다." 아이들에게 부모의 사랑은 마음의 근육, 회복탄력성을 키우는 원동
력이다.

Part 6

아이와 엄마의
행복 찾기

26
아이들이 변한다,
예술로 행복해지는 아이들

"아이들은 모두 예술가이다. 문제는 아이들이 자란 뒤에도 어떻게 예술가로 남아 있을 것인가이다." 파블로 피카소가 한 말이다. 아이들이 그린 그림들을 보면 예측할 수 없는 색감과 자유로운 형태가 순수한 예술 그 자체다. 입시 위주의 교육 속에서 살아가는 우리 아이들이 예술을 향유할 여유를 가지고 마음의 치유는 물론 창의적 삶을 영유해 나갈 수 있도록 해야 한다.

예술은 아이들을 변화시킨다

양명여자고등학교 등교맞이 음악회 전경

교문을 들어서는 아침 8시 30분, 가을의 선선한 바람을 타고 비제(Bizet)의 카르멘 서곡이 울려 퍼진다. 등교하는 아이들의 얼굴은 음악 감상에 심취한 듯 밝기만 하다. 양명여자고등학교의 아침등교맞이 음악회가 있는 날이다. 금요일 오전 등교를 반겨 주는 음악회의 주인공들은 다름 아닌 양명여자고등학교 오케스트라의 단원들과 지휘를 맡고 계신 음악 선생님이시다. 아침 일찍 학교에 나오셔서 고단하신 줄도 모르고 아이들을 지휘해 주시는 음악 선생님과 공부하랴 연습하랴 힘들 사이도 없는 아이들 모두 연주에 열중해 있다. 아침 와자지껄 인사도 제대로 안 하던 학생들이 우아한 음악회에 들어오듯 밝게 인사하고 연주를 듣는 발걸음도 경쾌하다. 몇몇 학생들은 등교맞이 음악회에 대해 이렇게 말한다. "등굣길이 즐겁고 행복해져요." "음악을 들으면서 등교하니 새롭기도 하고 마음이 편안해져요." 잠시나마 아름다운 선율에 편안함과 행복감을 느끼는 것이다.

초등학교 때부터 클라리넷을 배웠다는 오케스트라 단원 2학년 이영희(가명) 학생은, 연주할 때 다른 악기와의 아름다운 화음과 자신이 이 음악의 한 부분이라는 점에서 매우 뿌듯하고 힐링이 되는 시간이라고 얘기한다. 물론 학업 중에 악기 연습까지 해야 하니 부담감도 크고 힘들 것이다. 하지만 아이들은 연주를 하면서 얻는 즐거움과 기쁨이 더 크고 힐링의 시간을 가진다. 나아가 다른 아이들에게도 좋은 감정을 선사하고 연주에 대한 자긍심을 가지게 되는 것이다.

시간을 나누는 것은 사랑을 나누는 것이라는 올해 중학교 2학년 소녀의 그림에는 하트가 그려져 있었다.[65] "칭찬받고 애들이 잘한다고 하니까 용기를 얻고 자신감을 얻어 활발해진 것 같고." 이 그림을 그린 여학생은 성격이 소극적이어서 초등학교 시절 따돌림을 당하기도 했다. 이 학생은 한 미술품 경매회사가 마련한 소외계층 아동들을 위한 예술교육 프로그램에 참가해 조그만 상을 받게 되면서 성격이 달라지기 시작했다.

초등학교 저학년 때 친구들을 많이 때리고 괴롭혔다는 윤석(가명)이의 변화는 놀라웠다.[66] "친구들이랑 싸워서 몹시 화가 나 있을 때요, 음악을 하고 나면 제가 먼저 미안하다고 얘기해요. 기분이 좋아지고 먼저 사과해야겠다는 마음이 생겨요. 요즘은 '착한 어린이 상'까지 받았어요." 전에는 집중이 안 돼 책을 읽지 않았는데 미술수업을 받고 나서부터는 꽤 오랜 시간 집중해서 책을 읽을 수 있다고 자랑했다.

예술교육은 아이들의 감성과 행동의 변화를 이끌어 인성을 바꿔 놓는 것임이 분명하다. 그렇다면 최근 대두되고 있는 학교폭력 문제해결에도 도움이 될 수 있을까? 대부분의 문제 학생들의 특징은 공격적인 성향을 가지고 있다는 것에 있다. 미술이나 음악, 무용 그리고 연극 같은 예술 활동을 감상하고 직접 참여해 즐기는 것은 두뇌를 긍정적인 감정으로 이완시킨다. 그리고 이완된 감정이 행동으로 표현되며 특히, 운동할 때 행복한 감정을 느끼는 것과 유사한 감정을 느끼게 된다고 한다. 이렇게 활발해진 두뇌활동은 공감을 자극해 정서적인 안정과 긍정적인 사고를 불러일으켜 문제 학생들의 변화를 이끈다.

'최근 3년 동안 전국 초등학생 860여 명을 대상으로 예술교육을 해 오면서 면담조사를 한 결과는 다음과 같다. 먼저 우울감은 활동 기간 내내 꾸준히 낮아져 3년이 지났을 땐 처음의 60% 수준까지 떨어졌다. 반대로 친사회적인 성향은 크게 높아진 것으로 나타났는데 3년째 그 효과가 눈에

띄게 높아져 꾸준한 교육이 중요하다는 것을 나타냈다.[67]

면담조사에서 짐작할 수 있듯이 꾸준하고 지속적인 예술 활동은 아이들의 삶의 질을 높이고 행복하고 건강하게 성장할 수 있도록 이끌어 준다.

예술교육의 중요성

아이들은 예술 활동에 열광한다. 멋진 공연을 보면 감탄사를 연발하고 흥겨워 절로 신이 나서 함께 즐거워한다. 초등학생이나 청소년 시기에는 활동으로 배우는 습득력이 뛰어나고 배운 것을 재현하는 능력이 월등하다. 청소년 시기의 뇌는 생후 두 번째 신경세포의 연결망이 새로이 만들어지는 시기이며 활동도 활발해진다. 그래서 이 시기에 배운 예술 활동은 좀처럼 잊지 않고 평생 기억에 남게 된다. 어른인 지금은 어제 있었던 일조차 생각이 안 떠오를 때도 있지만 어릴 때 추억은 어렴풋이라도 기억이 나는 것처럼 말이다. 어릴 때부터 예술 활동을 통한 학습을 하지 않으면 아무리 훌륭한 작품을 보더라도 감동을 느끼지 못할 수 있다. 감수성이 제대로 키워지지 않았기 때문이다. 이 시기 아이들은 감수성이 풍부해서 다양한 예술 활동에 지대한 관심을 가진다.

딸아이는 초등학교 5학년 때 예술의 전당에서 공연했던 국악 연주회에서 '해금'이라는 전통악기를 처음 알게 되었다. 며칠 후 딸아이는 해금을 배우고 싶다고 내게 물어왔다. 심금을 울리는 해금 소리가 너무 아름다웠고 사람의 목소리인 듯 자꾸 듣고 싶어진다고 내게 며칠을 졸랐다. 아이는 해금을 배우게 되었다. 피아노와 바이올린을 배운 적 있었던 것이 도움이 되었던지 실력이 조금씩 늘어가면서 아이는 해금연주를 무던히 좋아했다. 그렇게 배우기 시작한 해금연주는 미국유학 시절 마음 한 부분 위안과 외로움의 안식처가 되기도 했다고 아이는 말했다. 어린 시절 접하게 된 예술은 이렇듯 아이의 마음을 다독여 주고 삶의 안식처가 되어 주기도 한다. 예술 활동은 아이의 삶을 긍정적으로 살아갈 수 있게 도와준다. 악기를 연주하며 또는 음악을 들으며 행복함을 느끼고 때로는 슬프거나 울적한 감정을 이겨 낼 수 있다.

예술은 창의성 계발의 원천이다

제시카 호프만 데이비드(Jessica H. David)는 그녀의 저서《왜 학교는 예술이 필요한가?》에서 "예술은 다양한 분야를 아우르며 새로운 것을 찾아내게 하고 창조하게 한다."고 주장한다. 바로 예술이 창의성의 근본이라는 거다. 예술은 새로운 것에 대한 도전이며 실패를 두려워하지 않는 모험심이다. 4차 산업혁명 시대와 더불어 살아가는 우리 아이들은 학교 교육에서 예술은 필수적이라 할 수 있다. 정확한 답을 찾고 단순 암기 위주의 공부방법에서 벗어나 아이들 개개인의 예술적 사고를 함양하고 다양한 분야를 넘나드는 교육이 이루어져야 한다는 말이다.

최근 창의성 교육의 주요 맥락이 되고 있는 융합 인재 교육(STEAM)에서 한 분야를 차지하는 예술(Art)은 과학, 공학, 수학과 같은 다른 분야의 창조적인 능력을 키울 수 있는 중심활동으로 논의되고 있다. 예술교육이 제공하는 예술적 감각의 독창적 경험이 다양한 분야로 확장되고 연결되어 창의성을 발현시킨다. 그렇다면, 예술교육은 창의성에 어떠한 영향을 미치는지 그리고 창의성이 다른 분야로 연결될 가능성은 무엇인지 다음과 같은 관점에서 찾아볼 수 있다.

첫째, 예술교육은 자신 내면의 성찰을 통해 창의성 계발 동기를 유발시키는 기회이다. 창의성은 자신만의 독창적인 주관을 드러내며 새로운 가치를 만들어 내는 것에서 근원이 된다. 여기서, 자아 성찰은 자신이 가지고 있는 문제점을 발견하게 하고 이 문제를 해결하려는 창의적인 생각을 발휘하게 하는 시작점인 것이다. 즉, 아이들은 예술 활동을 하면서 우선 자신을 보다 깊게 이해하고 관찰하는 것을 배우게 된다. 이런 과정을 거듭하고 자신을 제대로 성찰하는 가운데 당면한 문제해결을 창의적으로 해결할 수 있는 힘을 키우는 것이다.

둘째, 예술교육의 경험은 다양한 문제해결 방식과 전략을 터득하게 한다. 여러 분야에 유용하게 적용될 수 있는 창의적인 사고를 배우게 된다는 것이다. 실제로 물리학자 아인슈타인, 예술가 레오나르도 다빈치, 피카소 등의 여러 분야의 역사적 인물들은 예술가적인 사고방식을 사용하여 창조성을 발휘했다고 한다. 이렇듯 아이들이 예술교육을 통해 예술가적인 문제해결방식을 경험하고 습득한다면 다양한 분야에서 창의성을 키워 나갈 수 있는 근력을 얻게 된다.

예술교육은 이제 더 이상 전문적인 예술인으로 살아가기 위한 교육이 아니다. 아이들이 건강하고 행복하게 성장하기 위한 필수 과목이다. 아이들은 모두가 예술가이다.

27

마음이 아픈 아이 치유해 주기, 부모와의 대화로 해결할 수 있다

아이들은 모두 천사다. 이런 아이가 사소한 말에도 화를 내고 소리를 지르고 때로는 욕을 하기도 한다. 발랄하고 성실하던 아이가 언제부터인지 말이 없어지고 부모와 대화를 끊는다. 이렇게 달라진 이유는 무엇일까? 아이를 혼내거나 나무라기 전에 먼저 부모 자신을 뒤돌아보자. 아이의 마음의 병이 부모로부터 생겨난 것이 아닌지 되짚어 보아야 한다.

부모의 지나친 관심과 강압적인 양육은 독이다

중학교 2학년인 승우(가명)는 어릴 때부터 어머니의 지대한 관심 속에 자라왔다. 승우의 아버지는 잦은 출장으로 바빠 육아는 어머니가 도맡아 왔다. 어머니는 하나밖에 없는 아들을 잘 키우겠다는 심정에 학원 하나라도 더 보냈고 뭐든 남들보다 앞서 선행시키려고 애를 썼다. 승우가 커갈수록 어머니는 아이에게 집착하는 일이 빈번해져만 갔고 아이의 학업과 일거수일투족을 감시하는 등 강박에 가까웠다. 어머니의 지나친 집착 탓인지 아이는 공부에 흥미를 잃어버린 것은 물론, 점점 말수가 적어지면서 내성적인 아이로 변해 갔다. 중학교에 입학해서는 교우관계조차 맺기 힘들 정도로 심각해진 아이는 다른 몇 명의 아이들에 의해 괴롭힘을 당했다. 지금까지 자신의 감정을 표출하는 법을 모르던 승우는 버티기가 힘들었다.

아이의 감정은 결국 어머니에게로 폭발했다. 사춘기에 들어선 아들의 덩치는 어머니가 감당하기 어려울 정도였고 반항심은 더욱 거칠어져만 갔다. 승우는 결국 아이들의 괴롭힘을 이기지 못하고 학교를 자퇴했다. 아이는 자신을 나무라는 아버지에게도 폭력을 휘두르는 등 폭발하는 분노는 걷잡을 수 없게 되었다. 어머니는 사태의 심각성을 고심하던 중 심리상담소를 찾았다. 며칠간의 상담을 받으면서 어머니는 자신이 아이를 얼마나 강압적이고 숨 막히게 했나 깨달으며 하염없이 눈물을 쏟았다.

그렇다. 승우는 어머니의 끝없는 집착과 압박 속에 우울증이라는 마음의 병을 얻게 된 것이다. 나이가 어릴 때는 엄마의 강압적인 지시에 순종하기 마련이다. 부모에게 사랑받고 칭찬받기 위해 순종하고 자신의 의사에 상관없이 수동적인 아이가 되어 간다. 하지만 아이는 이런 환경에 지치게 되고 언젠가는 농후한 상처에서 고름이 터져 나오듯 억압된 감정이 분출하게 되는 것이다.

부모의 무관심으로 상처받은 아이들

부모의 무관심은 더욱 치명적이다. 여기서 말하는 무관심은 부모가 아이의 자립심을 기르기 위한 목적을 가진 그런 의도가 아니다. 부모 자신들의 처지에 따른 무책임의 일종이다. 아이가 하루 종일 무엇을 하든 관심이 없고 심지어 아이가 욕을 해도 잘못된 행동을 지적해 주려는 의욕조차 없다. 어릴 때부터 무관심 속에 자란 아이들은 치명적이고 심각한 트라우마를 겪는다. 이런 아이들은 어린 시절부터 자신이 사랑받지 못한다는 불안정한 정서를 가지고 어른이 되어서도 안정적인 인간관계를 맺기 힘들다. 부모에게 관심을 받으려고 애써보지만 그래도 무관심할 때는 관심받기 위한 나쁜 행동을 하기도 한다. 무관심이 계속되면 아이의 행동은 점점 더 심각해진다. 부모의 무관심에서 비롯된 끔찍한 사건들이 연일 보도되기도 했다. 범행을 저지른 아이들의 이면을 살펴보면 가정에서의 부모의 관심이 얼마나 중요한지를 보여 준다. 아이들은 부모에게 사랑과 보호를 받아야 할 존재이다.

이처럼 마음이 아픈 아이들이 생겨나는 이유는 부모들의 부재에서 시작한다. 마음의 병을 얻는 청소년에 대한 상담을 진행하고 있는 한 상담사는 "사회의 변화에 따른 맞벌이 부부의 증가로 아이에게 관심을 줄 수 있는 시간이 줄게 되고 아이의 문제를 발견해도 그냥 지나치는 경우가 늘어 심한 갈등상태로 내몰리게 되는 것이다."라고 설명했다.[68] 부모의 무관심은 아이가 부모에게 인정받지 못한다고 느끼게 하고 자존감을 떨어트린다. 낮은 자존감은 아이 스스로를 존중하지 못하게 하여 의심과 자격지심 그리고 분노와 슬픔 같은 감정을 다스리기 어려워한다. 전문가들은 아이들의 애착 형성에 중요한 생후 18개월까지가 매우 중요한 시기이며 양육자인 부모가 아이를 돌보는 것이 좋다고 말한다.

꾀병이 아니라고요

학교 보건실에는 마음이 아픈 아이들의 발걸음이 늘고 있다. 정신적인 마음의 병이 몸에서 반응하는 것이다. 부모나 선생님은 툭하면 아프다고 하는 아이들을 '꾀병'을 부린다고 야단친다. 하지만 아이는 꾀병이 아니고 정말 아픈 것이다. 아이들의 모든 행동에는 반드시 원인이 있다. 그런 행동은 아이의 속마음을 나타내는 신호이다. 꾀병은 심리적인 아픔이 신체적 반응으로 나타나는 아이 마음의 경고등인 것이다. 이를 심리학 용어로 '신체화 장애'라고 말한다. 어른의 예를 들자면, 고부갈등이 심한 집안에서 시댁 식구가 온다는 전화를 받자마자 며느리는 두통이 나고 심장이 뛰면서 신체적 통증이 오는 경우가 있다. 물론 그러다가 시댁 식구가 오지 않는다고 하면 곧바로 증상이 없어지는 지극히 심리적인 증상이다.

의학적으로는 아무런 이상이 없지만 실제로 가슴이 답답해서 숨이 막히고 머리가 깨질 듯이 아프기도 하고 심한 복통과 구토 증세를 호소하는 아이도 있다. 교문만 들어서면 가슴이 답답하다는 아이, 특정 수업시간만 되면 아프다고 하는 아이 등 신체화 증상의 대부분이 이런 증상을 나타내니 어른들은 그저 스트레스로 인해 그런 것이라고 치부해 버리기 쉽다. 아이들은 대개 스트레스나 우울감을 직접적으로 자신의 감정으로 호소하기보다는 신체적인 아픔으로 표현한다. 자신의 감정을 표현하고 말하는 것보다 '몸이 아프다'고 했을 때 부모에게 훨씬 더 잘 받아들여지거나 관심을 끌 수 있기 때문이다.

오래전 영화 〈마이걸〉에서 주인공 사춘기 소녀 베이다는 심한 불안 증세와 신체적 증상을 자주 호소한다. 베이다는 장의사인 아빠, 삼촌 그리고 치매에 걸린 할머니와 함께 산다. 어느날 베이다는 동네 의사에게 달려가 "3년 전에 먹은 닭뼈가 아직 목에 걸려 있다."고 호소한다. 사실 베이다의 목에는 닭뼈가 아닌 죄책감이 걸려 있다. 베이다의 엄마는 그녀를 낳던 중 숨졌다. 베이다는 엄마가 자신 때문에 숨졌다는 죄책감과 외로움을 표현할 길이 없어 몸이 아프다고만 호소한다. 엄마 없이 태어난 베이다는 장의사인 아빠로 인해 늘 낯선 죽음을 접한다. 그리고 무관심한 아빠에게 끊임없이 애정을 갈구한다. 아빠가 미용사인 셸리에게 관심을 보이자 아빠마저 잃을 수 있다는 불안감에 휩싸이던 중, 짝사랑했던 선생님의 결혼 소식을 듣는다. 어느 날 자신의 유일한 친구였던 토마스마저 숲속에서 자신이 잃어버린 반지를 찾다가 벌에 쏘여 급성 알레르기 반응으로 죽게 되면서 베이다는 극도로 고통스러운 감정을 분출하게 된다.

베이다는 자신이 엄마를 죽였는지에 대해 아빠에게 물으면서 막혀 있던 감정을 풀어나간다. 아빠는 엄마의 죽음은 베이다 잘못이 아니라고 말하며 딸에게 아빠의 사랑이 얼마나 간절했던가를 깨달으며 딸을 껴안아준다. 베이다는 죽음으로 사랑하는 사람을 잃을 수는 있지만, 그 슬픔을 표현하고 위로받으면서 추억으로 간직할 수 있다는 것을 알게 된다. 결국, 베이다는 "난 마침내 닭뼈를 삼켰어."라고 말한다.

영화 속 베이다처럼 아무런 발병도 없는데 몸이 자주 아프다고 하는 아이들은 내면에 심리적인 갈등이나 상처가 있는 경우가 많다. 이러한 증상이 있다고 판단되는 아이들의 경우, 아이가 아프다고 할 때보다 그러지 않을 때 더 관심 가져 주고 칭찬해 주어야 한다. 왜냐하면, 평소에 아이가 부모의 관심과 사랑을 받고 있다고 느껴야 신체화 장애 증상이 호전될 수 있기 때문이다. 마음속에 슬픔과 분노 등의 여러 감정들이 들어오는 것은 누구나 다 마찬가지다. 하지만 그런 부정적인 감정들을 잘 표현하고 또 비워 버리는 것이 매우 중요하다. 영화 속 베이다가 목에 걸린 닭뼈를 시원히 삼키듯, 고통을 비워 버린 마음에 행복이 찾아오게 되니까 말이다.

우리나라 사람들은 문화적인 이유로 '신체화 장애'가 유독 많다. 예전부터 우리는 부정적인 감정을 억누르고 표현을 삼가는 것을 미덕으로 여겨 왔기 때문이다. 부정적인 감정을 말로 표현하면서 버려야 하는데 그것을 표현하는 것을 금기시한다. "그렇게 말하면 못써."라고 하면서 아이의 나쁜 감정을 위로해 주지만 실제로 그런 감정을 피하도록만 가르친다. 어떤 감정이든 정서적인 반응을 말로 표현하는 것을 부모가 유도해 주고 가르쳐 줘야 한다. 자신의 감정을 잘 알아차리고 언어적으로 표현하는 것을 연습해야 한다. 모든 감정은 다 소중하기 때문이다.

마음의 병을 앓고 있는 아이의 치유 방법은 '부모와의 대화'이다. 하지만 부모와 아이의 대화가 그리 쉽지 않다는 것이다. 부모의 자질을 미리 갖추고 양육을 시작하는 부모는 없다. 부모 또한 아이를 키우면서 배우고 습득하고 성장하기 때문이다. 아이의 마음속에 충분히 머물면서 아이와 공감을 하며 이해하는 대화를 해 보는 것이 중요하다. 어쩌면 아이들은 부모의 진심 어린 대화를 간절히 기다리고 있을 수 있으니 말이다.

28
행복한 아이로
만드는 방법

세상의 모든 부모들은 아이들이 행복하게 살기를 원할 것이다. 우리 아이는 행복할까? 아이들의 행복을 위해 모든 것을 부모가 해 줄 수 있을까? 아이들이 행복할 수 있는 방법은 무엇일지, 무엇이 진정한 아이들의 행복인지 고민하고 노력해 보는 것은 중요하다.

자신에 대한 믿음, 자존감이 있는 아이는 행복하다

아이가 행복하려면 무엇보다 아이 자신에 대한 믿음이 있어야 한다. 나는 할 수 있고 존중받는 존재라는 믿음이다. 딸아이가 초등학교 5학년 때 호주 여름캠프를 갔었을 때의 일이다. 아이는 학교를 마치고 혼자 집으로 돌아오던 중 버스를 잘못 탄 일이 있었다. 가도 가도 낯선 길들은 아이를 불안하게 만들었지만, 자신은 반드시 집을 찾을 수 있을 거라는 믿음 하나로 주위에 도움을 청하면서 돌아오게 되었다고 했다. 그날 저녁, 호스트 엄마에게서 아이가 길을 잃었었지만 무사하게 집을 잘 찾아 왔다는 사실을 전달받았고 나는 안도의 마음을 쓸어내렸다. 딸아이는 당시 버스를 잘못 탔다는 것을 알고 처음엔 좀 당황스러웠지만, 친절한 호주 사람들에게 길도 물어보고 이곳저곳 구경하면서 느긋하게 돌아오게 되었다면서 으쓱해하기까지 했다. 나는 순간 정말 감사하는 마음에 눈물이 핑 돌았다.

아이들은 자신을 믿는 힘이 있으면 위기가 닥치더라도 난관을 헤쳐 나갈 수 있게 된다. '나는 잘 할 수 있어.'라는 자신에 대한 믿음과 자존감이야말로 아이가 살아가면서 진정한 행복을 느끼게 할 수 있는 밑바탕이다. 나 자신도 그렇지만, 많은 엄마들은 아이의 모든 것이 불안할 때가 많다. 그리고 무엇이든 다 해 주고 또 대신해 주고 싶어 한다. 때로는 "이게 다 너 잘 되라고 하는 거야."라고 하며 아이에게 강요한다.

하지만 진정 좋은 부모는 이처럼 아이에게 모든 것을 다 지원하는 완벽한 부모가 아니다. 아이를 행복하게 만들어 주는 부모는 아이가 스스로 자신을 믿는 힘을 기르게 하고 자존감을 갖게 하는 부모이다. 어떻게 하면 아이를 자존감 있는 아이로 키울 수 있을까?

평상시 아이에게 사랑의 표현을 자주 해 준다. "엄마는 너를 사랑해." "엄마는 너를 믿어."라고 말해 준다. 부모로부터 사랑의 표현을 충만하게 받고 자란 아이는 설령 부모가 야단을 치더라도 자신의 잘못을 지적하는 것이라 믿고 반성하고 앞으로 더 잘하려고 한다. 반면에, 사랑 표현을 받지 못한 아이는 부모가 야단을 치면 불안감을 가지며 부모가 점점 더 사랑하지 않을 거라는 불신에 휩싸이게 된다. 이런 아이들은 역경에 처했을 때 힘들어할 뿐만 아니라 새로운 시도에 좀처럼 도전하지 못한다.

자존감 있는 아이로 키우는 데 있어서 부모가 주의해야 할 점들을 주시해 보자. '자존감 전문가'로 하버드 교육대학원 교수이자 정신건강 상담자 조세핀 김 박사는 저서 《우리 아이 자존감의 비밀》에서 아이를 대할 때 절대로 수치심을 주어서는 안 된다고 말한다. 또한, 잘못을 꾸짖을 때도 아이의 감정이나 인격을 다치게 하지 말아야 한다고 강조한다. 아이들의 생각이나 의사에 상관없이 부모의 체면이나 욕심 때문에 아이들을 강요하는 것은 아이들이 선택하고 결정하는 기회가 없어져 자신에 대한 믿음을 놓아 버린다. 결국, 스스로 어떠한 것도 할 수 없는 상태로 만들어 버릴 수 있다는 것이다. 어릴 때부터 작은 것이라도 자율적으로 선택과 결정을 할 수 있는 기회를 자주 접하도록 해야 한다. 현명한 부모는 어릴 때부터 아이가 선택하고 결정할 수 있는 힘을 길러 주어 자존감 있는 아이로 키운다.

부모의 행복이 곧 아이의 행복이다

행복은 전염된다. 부모가 행복하면 아이에게 자연스럽게 그 행복이 전해진다니 얼마나 감사할 일인지 모르겠다. 아이를 위해 최선을 다하며 애쓰는 엄마의 양육 태도가 훌륭하다는 것은 사실이다. 하지만 가장 중요한 것은 그런 양육을 받는 아이도 주는 엄마도 모두 행복해야 한다는 것이다. 엄마는 자신이 아이에게 모든 것을 희생한다고 여기며 양육하는 것이 모두 아이를 위해 하는 일이라고 생각한다. "이게 다 누구 때문에 엄마가 그러는 건데? 다 너를 위한 것이잖아?"라고 아이에게 말한다. "너는 복에 겨웠다."라며 엄마는 희생하지만 아이는 행복할 것이라고 착각한다. 하지만 엄마가 행복하지 않은데 엄마의 표정을 가장 가까이서 보는 내 아이가 행복할 수 없다.

하버드 대학의 니콜라스 크리스타키스 교수와 캘리포니아 대학 제임스 파울러 교수는 저서 《행복은 전염된다(Connected)》에서 "행복감을 느끼는 친한 친구가 1.6㎞ 안에 살면 자신의 행복감이 26% 늘어나고, 행복감을 느끼는 이웃이 옆집에 살면 자신의 행복감은 34% 높아진다."는 연구 결과를 밝혔다. 하물며 행복감을 느끼는 부모가 같은 집에 산다면 아이의 행복감은 말할 것도 없다. 그렇다. 부모가 먼저 행복하면 된다. 부모가 행복해하면 아이는 늘 부모를 따르고 부모의 모습을 배우게 된다. 어떤 부모가 될지 고민하지 말고 먼저 부모의 행복을 찾아보는 것이 어떨까? 아이를 행복하게 해 주겠다고 원하는 것을 사 주고 얼마나 함께 놀아 주었는지도 중요할 수 있지만, 부모가 행복한 것이야말로 아이에게는 가장 큰 선물이다.

맞벌이를 하는 엄마들의 경우를 보면, 아이와 함께 보내는 시간이 많지 않아 항상 죄책감을 느낀다며 하소연한다. 저녁 퇴근 후의 아이와의 짧은 시간의 만남을 통해 어떻게 하면 더 잘해 줄 수 있을까 고민하며 괴로워하기도 한다. 하지만 아이들은 자아가 어느 정도 형성된 후라면 부모들이 자신의 일을 열심히 하며 살아가는 모습을 보고 자긍심을 가진다. 그러므로 부모가 직장에서 얼마나 힘든지를 보여 주지 말고 직장 때문에 얼마나 행복한지 느끼게 해 주는 것이 좋다. 나는 무역업과 유통업 등을 해 오며 성공과 실패를 겪으면서 살아왔고 현재도 학교법인 일은 물론 새로운 일을 위해 도전정신을 가지고 살아가고 있다. 나의 삶에 있어서 딸아이와 나의 일들에 대한 열정은 내가 버틸 수 있는 힘이자 행복이었다. 행복은 거창하고 멀리 있는 것이 아니다. 지금 내가 해야 하는 일에 충실하고 좀 더 성장하면서 감사하는 것이다.

사회성 있는 아이는 행복하다

사회신경과학자 매튜 리버먼은 "인간의 뇌는 생각을 위해서만 만들어진 것이 아니라, 사회적 연결을 위해서도 만들어졌다."라고 말한다.[69] 그리고 그는 인간이 특정 과제에 집중하고 있지 않을 때는 본능적으로 사회적인 관계 형성을 위해 관심을 가지도록 설계되었다고 주장한다. 사람을 만나고 관계를 잘 형성하는 사람의 뇌, 즉, 사회성이 좋은 사람의 뇌는 그렇지 않은 사람보다 더 행복하고 건강하다. 사실 사회성이 좋다는 것은 반드시 많은 사람들과 잘 어울린다는 것은 아니다. 그런 이유로 아이들이 꼭 활발하고 많은 친구들과 친하다고 해서 사회성이 좋다고 말할 수 없다. 어울리는 친구들은 많지만 실제로 그 원인이 혼자 있는 것을 두려워하고 외로움을 타는 아이일 수도 있다. 반대로 내성적이고 혼자 있기를 좋아하지만 다른 아이들과 놀아야 할 때 문제없이 사교적으로 잘 지낸다면 사회성이 나쁘다고 말할 수 없다. 왜냐하면, 아이들의 성향은 저마다 다르고 어디에 기준을 두느냐에 따라 다르게 말할 수 있기 때문이다. 이런 아이들은 여러 아이들에 의해 몰려다니는 시간 대신, 단 한명의 친구라도 함께하는 시간을 소중히 여기고 친구가 적어도 행복하다고 생각한다.

아이들의 사회성은 놀이를 통해 이루어진다. 아이들은 놀면서 관계를 맺어 나가고 놀 때 가장 행복하다. 아이들은 자유롭게 놀아야 하고 놀이를 통해 다양한 친구들과 사람들을 접하고 갈등 또한 경험해야 한다. 실제로 놀이는 아이들에게 행복을 준다는 것 이상의 중요성이 있다. 심리학자 김태형 소장은 아이들의 놀이에 대해 이렇게 말한다.[70] "'동물의 왕국'을 보면 어린 새끼들의 노는 모습이 마치 커서 먹이를 사냥하는 모습과 흡사하다. 어린 새끼들은 그냥 노는 것이 아니라 생존능력을 연습하는 것이다. 사람 역시 어릴 때 생존능력을 연습하게 되는데 이것이 바로 관계다."

관계는 사회성을 의미한다. 사람은 사회적으로 다른 사람들과 관계를 맺으며 생존할 수 있다. 사람에게 있어 매우 중요한 능력인 사회성은 어릴 때부터 키워 나가야 한다. 어릴 때 마음껏 놀면서 사회성을 키워 나가야 한다는 것이다. 아이들이 뛰어노는 것만 좋아한다고 나무랄 것 없다. 뛰어노는 가운데 아이들은 사회성을 학습하고 기르며 사람들과의 관계를 배워 나가는 공부를 한다.

진정한 아이의 행복은 부모가 만들어 줄 수는 없다. 하지만 부모는 아이가 행복하도록 지지하고 믿어 주며 스스로 행복을 만들고 키워 나갈 수 있는 방법과 기회를 만들어 줄 수 있다. 엄마는 아이의 행복을 위해 노력하는 것을 아이에게 인정받고 싶어 한다. 그러나 진정 아이가 엄마를 인정할 수 있는 건 엄마가 먼저 자신의 행복을 찾아 노력하고 스스로 행복한 엄마라는 것을 보여 주는 것이다. 행복한 엄마를 통해 아이는 자신의 자존감을 키워 가고 사회성을 기르며 행복한 아이로 성장하게 된다.

29
공부하는 엄마는 자신의 삶뿐만 아니라
아이의 미래도 바꾼다

엄마에게 공부가 필요한 이유

"엄마, 내 일은 내가 알아서 할게. 이제 나한테 신경 쓰지 말고 엄마 일 신경 써."

사춘기에 접어든 딸아이의 말에 서운함을 넘어서 화가 치밀어 펑펑 쏟아지는 눈물이 앞을 가렸다. 아이를 유학 보내기 위해 밤새 고민하고 뒷바라지하면서 이리저리 뛰어다녔던 날들이 주마등처럼 지나갔다. 자기가 다 알아서 하겠단다.

그렇다. 아이들도 때가 되면 언젠가는 엄마 품 안에서 떠나가기 마련이다. 특히 아이가 대학에 들어가면 오직 아이만을 바라보고 아이의 학업 뒷바라지에 올인했던 엄마들이 '빈둥지 증후군'을 호소하는 경우가 더 많다. 빈둥지 증후군은 자녀가 대학에 입학하거나 더는 아이와의 애착관계를 유지하지 못할 때 또는 결혼 등으로 부모와 떨어지게 되었을 때 부모가 느끼는 외로움, 상실감을 말한다. 심할 경우, 우울증으로 이어져 치료를 받아야 할 경우도 있다. 대부분, 특별히 고민할 것이 없는데 자녀와의 애착 관계의 부재에서 비롯되는 증상이라고 할 수 있다. 이러한 빈둥지 중후군은 마치 10년 동안 다니던 직장을 그만둘 때의 심정과 비슷하다고 한다.[71] 서울대학병원 정신의학과 윤대현 교수는 빈둥지 중후군의 예방방법으로 이렇게 제안한다.

"평소 자신에게 50% 이상의 비율을 투자하고 나머지를 아이와 남편에게 투자하고 엄마 자신이 스스로 아이 엄마가 아닌 한 사람의 인간으로서의 삶을 정립하도록 노력하는 것이 필요하다."

나는 아이를 다 키운 엄마로서 어린아이들을 키우는 엄마들에게 항상 아이들이 떠났을 때를 위해 자신의 미래를 준비하라고 말하고 싶다. 아이가 엄마에게 독립을 선언할 때 자신을 책망하지 않게 하기 위해서다. 꿈과 목표를 향해 엄마 자신의 삶을 찾기 위해서다. 아이가 엄마의 품을 떠난 후 엄마가 진정한 인간으로서 성장하는 삶을 살아가려면 자신의 몫을 가지고 있어야 한다. 그것은 앞으로 우리가 인생의 항해를 할 원동력이 될 것이기 때문이다. 그 원동력은 바로 공부에서 비롯된다. 아이를 양육하면서 틈틈이 자신의 공부를 하고 미래를 설계해 나가는 것이야말로 추후 빈둥지 중후군을 예방하고 엄마의 행복한 삶을 보장하는 열쇠이다. 아이의 인생에 가려지는 엄마의 오래도록 묵혔던 꿈과 목표를 찾아내 인생의 우선순위에 두어야 한다. 행복한 엄마가 되기 위해서 말이다.

엄마의 공부가 다가올 미래를 결정한다

과거에는 엄마들이 집안 살림만을 하면서 아이들을 키우는 것에 전념

하고 남편이 벌어다 주는 돈으로 살림을 알뜰히 꾸려나가는 것을 덕목이라 여겼다. 하지만 이제 그런 시대는 옛이야기가 되었고 엄마도 맞벌이를 하며 경제권을 가지게 되었다. 엄마도 가정경제에 대한 권리와 책임을 가지며 운영해 나가야 하는 시대인 것이다. 최근 남편들의 은퇴도 빨라져서 심지어 50대 초반의 은퇴자도 속속 나오고 있다. 이럴 때, 경제에 무지하고 노후에 대한 대책도 마련하지 못한 엄마들의 경우 엄청난 고난과 방황의 연속이 되는 것은 불 보듯 뻔한 일이다.

그래서 이러한 상황이 치닫기 전에 평소에 어떻게 하면 돈을 벌고 잘 관리할 수 있을지 평소 고민하고 공부하는 것이 필요하다. 오로지 남편만을 바라보고 의지할 것이 아니라 엄마 자신과 가족 모두를 위해서 돈 공부의 필요성은 매우 중요하다. 아울러 엄마가 공부하는 모습을 아이들에게 보여 주는 것은 매우 좋은 본보기가 되기도 한다. 스스로 공부하며 자립하려는 엄마의 모습을 보면서 아이들 또한 자신의 힘으로 개척해나가는 것을 배우게 되는 것이다.

대부분의 사람들은 학교를 졸업하고 나면 더 이상 공부하지 않아도 된다고 생각한다. 하지만 정작 필요한 공부는 사회에 진출하면서 시작된다. 엄마도 아이를 양육하고 나서부터 자신의 진짜 인생이 시작된다. 백 세 시대인 요즘은 더욱 그렇다. 끊임없이 배우지 않으면 하루가 다르게 변화하는 시대에 낙오자가 되기 때문이다. 평생공부 시대라는 말은 엄마라고 예외는 아니다. 인간은 배워야 성장한다. 나이만 먹는다고 성장하는 것이 아니라 배움을 갈구하고 지혜를 키워 나가야 진정 성장하는 것이다. 공부는 결국 우리에게 자유와 행복을 줄 것이다. 배움으로써 얻는 금전적 자유와 삶의 여유를 말이다. 자식에게 기대지 않고 당당하고 품위 있는 삶의 후반을 맞이하려면 바로 공부를 시작해야 한다.

우리 엄마들은 앞으로 남은 짧지 않은 인생의 여정을 어떻게 보내야 할지 온전히 자신을 위한 비전과 계획을 세워나가야 한다. 자신의 내면을 진지하게 들여다보며 어떤 인생을 살고 싶은지 또 자신에게 의미 있는 일은 무엇인지, 배우고 싶었던 것과 하고 싶은 것 등을 살펴보고 실행해 나가보아야 한다. 만약, 공부해 보고 싶은 마음이 생겼다면 어떤 공부라도 시작해도 좋다. 중요한 것은 공부계획을 세우고 목표를 정해 바로 실천하는 것이다. 실패해도 상관없다는 배짱을 가지고 전진해 나가 보자. 아이를 키우면서 시간을 내기가 어렵긴 하지만 하루에 조금씩이라도 규칙적으로 꾸준히 공부해 가는 자세를 가져야 한다.

무엇을 공부해야 할지 망설여지네요

나는 당장 어떤 공부를 시작할 수 있을까? 사람들은 자신들이 관심 가졌거나 관심 있는 그리고 재능을 가지고 있는 분야가 반드시 있다. 그것을 발견하고 찾아내어 공부하고 수입에 연결시킬 수 있도록 노력해 본다. 지금껏 양육과 집안일에 전념하느라 고이 숨겨 놓았던 꿈과 일들을 찾아내 경제력으로 발전시킬 수 있어야 한다.

어느 주부의 사례를 예로 들어 보자.[72] 사진기자로 활동하던 영선(가명) 씨는 육아문제로 직장을 그만두게 되면서 몇 년을 아이만을 키우면서 지냈다. 영선 씨는 살림과 육아에 지쳐 우울증까지 생겨 힘들어하던 중 자신이 예전부터 좋아하고 재능을 가지고 있던 사진촬영을 시작해 보면 어떨까 생각했다. 그녀는 주로 동호회나 아이 엄마들의 모임에서 스냅사진이나 돌사진 등을 찍어주었고, 촬영실력도 덩달아 늘어 갔다. 그러던 중, 영선 씨의 실력이 점점 알려지게 되면서 돈을 받고 사진 촬영을 해 주는 기회가 생기게 되었다. 그녀는 기회를 놓치지 않고 자신이 좋아하는 일을 하며 돈도 벌 수 있었으며 벌어들인 돈으로 새 장비를 구비하는 등 자신과 자신의 일을 키워 나갔다. 취미활동을 통해 시작한 사소한 재능기부와 실천이 경제적으로도 도움이 될 수 있게 된 것이다. 관심을 갖게 된 작은 일을 공부하고 연구하다 보니 어느덧 사업 아이템이 되어 있었다는 여느 주부의 이야기가 떠오른다. 이처럼 자신의 취미와 적성을 살려 엄마 자신과 가족을 위한 경제력으로 키울 수 있다면 엄마들은 더욱 행복한 삶을 살아나갈 수 있다.

"엄마 꿈은 뭐야?" 아이가 물어본다. 나의 꿈은 무엇일까? 엄마들은 아이의 인생과 꿈에 대해서는 지대한 관심을 가지고 연구하지만 정작 자신의 인생에 대해선 별로 관심이 없다. 아이들 키우면서 세월이 흘러 적지 않은 나이에 꿈은 무슨 꿈을 꾸냐는 것이다. 그저 아이들 행복하게 잘 사는 것이 꿈이라고 말하는 부모도 많다. 어느 정도 키워 놓으면 아이의 인생은 이제 아이가 개척해 나가는 것이고 부모의 남은 인생을 생각해 보아야 하는데 말이다.

나는 부모의 이런 생각이 매우 소극적이고 부정적이라고 생각한다. 《내 인생 5년 후》의 저자 하우석 교수는 "중요한 건 나이가 아니다. 정말 중요한 것은 인생에 대한 고정관념에 맞서는 자세와 의지이다. 흘러가는 대로 그저 방치하는 인생, 대세에 맞춰 순응하는 인생, 익숙한 것에 길들여져 있는 인생을 사는 사람에게는 성공보다는 추락이라는 결과가 돌아간다. 미래를 위해 전진하지 않고 오늘에만 머물러 사는 인생은 결국 후회만 가득 안고 생을 마치게 된다."라고 강력하게 충고한다.[73] 자기 주도적으로 살지 못하는 사람에겐 미래가 없다. 아이들에게 자기 주도적으로 학습하라고 강요할 것이 아니라 엄마 자신부터 자기 주도적인 삶을 꾸려나가야 한다.

부모가 책을 읽고 공부하며 스스로 자신의 삶을 주도해 나가는 모습을 보여 주는 것은 아이에게 책을 읽고 공부하라고 말하는 것보다 매우 강력한 메시지를 준다. 부모가 몸소 실천하는 모습은 아이가 스스로 공부하게 하고 꿈을 찾게 하는 가장 효과 있는 촉진제이다. 아이가 초등학교 시절 "엄마 무슨 책이야? 재밌어?" 저녁 마무리를 한 후 방에서 책을 읽고 있던 내게 다가왔다. 그리곤 어느새 내 옆에서 같이 책을 보곤 했었다. 매일 밤 책을 읽는 엄마의 습관은 어느덧 아이의 습관이 되어 버린다. 부모가 독서하고 공부하는 모습을 보여 주는 것이 아이들에게 자연스럽게 책을 읽는 습관을 들이는 가장 좋은 방법이기도 하다. 독서하는 데 있어 가장 중요한 것은 얼마나 많은 양을 읽느냐보다는 매일 읽는 습관이다. 한 대학의 연구조사에 의하면 책, 잡지 또는 신문 등을 자주 읽는 환경에서 자란 아이들은 그렇지 않은 아이들보다 훨씬 높은 성적을 받았다고 말했다. 다시 말하면, 부모가 가정에서 확립하는 환경과 분위기가 아이의 미래를 결정짓는다는 것이다.

이처럼 굳이 아이에게 공부하라고 잔소리하지 않아도 엄마가 공부하는 모습을 보면서 아이는 공부하는 습관을 따라 하게 된다. 엄마의 책 읽기는 엄마 자신의 발전을 위해서 도움이 될 뿐만 아니라 자녀에게도 좋은 영향을 주게 된다.

엄마에게는 자신도 알지 못하는 거대한 잠재력이 존재한다. 우리는 결국 자신을 알아가는 내면의 성찰을 통해 삶을 발전시키고 가족과 행복을 추구해 나갈 수 있다. 더 늦기 전에 공부하고 성장할 수 있는 파이프라인을 발견하기 위해 노력하고 실천하고 성장해야 한다.

참고 문헌

1. 이현미 기자, "최악 기름 유출 5년… 되살아난 태안 앞바다", 세계일보, 2012/12/04

2. 제레미 리프킨, 《공감의 시대》, 민음사, 2010

3. 제프 콜린, 《인간은 과소평가 되었다》, 한스미디어, 2016

4. 스튜어트 다이아몬드, 《어떻게 원하는 것을 얻는가》, 8.0, 2011

5. 김무일, 《인생 한 수》, 다연, 2015

6. 윤석만, 《휴마트 씽킹》, 시공미디어, 2017

7. 송찬영 기자, "테슬라 CEO 일론 머스크, 자녀 5명 자퇴시키고 보낸 학교가…", 데일리 한국, 2017/11/15

8. 리암 헤이즈 아이비 타임즈 기자, "21세기 리더십은 '소프트 스킬'", 뉴스위크 한국판, 2018/03/26

9. 황준성·홍주영 외 1명, 《아이의 정서지능》, 지식채널, 2012

10. 같은 책

11. 김세영 기자, "미래인재의 핵심역량 '협업력'이 뜬다", 조선에듀, 2016

12. 제니퍼 폭스, 《아이의 10년 후를 결정하는 강점혁명》, 미래인, 2008

13. 김수정 기자, "AI 시대, 인성교육이 '백신'처럼 필요해요", 한경매거진 제150호, 2017/11

14. 같은 기사

15. EBS 왜 우리는 대학에 가는가 제작팀, 《왜 우리는 대학에 가는가》, 해

냄, 2015

16. 강동효·송종호 기자, "서울포럼 2018 - 구글 도약 원동력은 20%룰…
호기심이 혁신인재 키웠다", 서울경제신문, 2018/05/09

17. 베르나르 베르베르, 《베르나르 베르베르의 상상력 사전 '170 생각의
힘'》, 열린책들, 2011

18. 톰 켈리·데이비드 켈리, 《크리에이티브》, 청림, 2014

19. 로버트 루트번스타인, "상실의 시대", 롯데백화점 그랜드마스터 클래
스 빅 퀘스천, 2016

20. 네이버 지식백과, 《디폴트 모드 네트워크》, 2014

21. 안진호 엔에프카운실 대표, 《퍼스트 무버, '디자인적 사고방식'이 핵
심》, 디지털타임즈, 2017

22. 같은 기사

23. 노승욱 기자, 정연찬 서울과학기술대 디자인기술융합프로그램 교수
"Case Study (1) 가전업계의 애플 다이슨 - 기능집중 초격차 기술, 혁신
인재 3박자", 매경이코노미 제1889호

24. 백혜림, "SSIR: Social Innovation Needs Design and Design Needs
Social Innovation", Impact Business Review, 2014/02/06

25. Nyqueen80 KIDP 보고서, "디자인적 사고, 아이들의 교실에서 만나
다", 한국디자인진흥원, 2015

26. 얼 쇼리스, 《희망의 인문학》, 이매진, 2006

27. 이지성, 《리딩으로 리드하라》, 차이정원, 2016

28. 같은 책

29. 안데르스 에릭슨, 《1만 시간의 재발견》, 비즈니스북스, 2016

30. 켄 베인, 《최고의 공부》, 와이즈베리, 2013

31. 같은 책

32. 구스모토 요시코, 《12살까지 공부 버릇 들이는 엄마의 습관》, 경원북스, 2018

33. 곽금주, 《20대 심리학》, 랜덤하우스코리아, 2008

34. 김선호, 《초등 사춘기 엄마를 이기는 아이가 세상을 이긴다》, 길벗, 2017

35. 최상태, 《최고가 되려면 최고를 만나라》, 쌤앤파커스, 2013

36. 최지만, "금융 경제교육은 선택이 아닌 필수", thekmagazine.co.kr

37. 데이브 램지·레이첼 크루즈, 《내 아이에게 무엇을 물려줄 것인가》, 흐름출판, 2015

38. 지승재, 《자기 조절력이 내 아이의 미래를 결정한다》, 위닝북스, 2018

39. 김상호, 《톡 까놓고 직업톡》, 조선앤북, 2011

40. 이준영, 《1코노미》, 21세기북스, 2017

41. 지승원 기자, "워드 프레스의 개발사 '오코메틱' 네트워크만 있다면 전 세계가 업무 공간", 2016/05/18

42. 김은혜 기자, "유유자적 일한다? 디지털 노마드 이해와 오해", 오마이뉴스, 2016/05/21

43. 이준영, 《1코노미》, 21세기북스, 2017

44. 김병완, 《선비들의 평생공부법》, 이랑, 2013

45. 국어사전

46. "자수성가 억만장자 4명 중 1명 대학 및 고교 졸업장 못 받아", DC Koreatimes 한국일보, 2016/04/05

47. 김성남, 《미래조직 4.0》, 더퀘스트, 2018

48. 같은 책

49. 김성남, 경영 전문 매거진 DBR 223호

50. Kenneth P. De Meuse Jouranl of Manageral Issues 25(2)08-131 2013

51. 도정일, 《쓰잘데없이 고귀한 것들의 목록》, 문학동네, 2014

52. 이지은 객원기자, "톡톡애듀 교육 이슈 '디지털 리터러시'를 아시나요?", 중앙일보

53. 양준영 한국경제 국제부 기자, "프랑스 에콜 42", 중소벤처기업부, 2017/11/27

54. 김현경 기자, "부실한 학사과정 논란… 잘 나가던 실리콘밸리형 학교 알트스쿨 '위기'", 비즈트리뷴, 2017/11/27

55. EBS 학교란 무엇인가 제작팀, 《학교란 무엇인가 1》, 중앙북스, 2011

56. 같은 책

57. 같은 책

58. 세스 스티븐스 다비도위츠, 《모두 거짓말을 한다》, 더퀘스트, 2018

59. 윤선현, 《아이의 공부습관을 키워주는 정리의 힘》, 예담, 2017

60. 신경직, 《칭찬 한마디가 아이의 인생을 바꾼다》, 생명의말씀사, 2008

61. 최상태, 《최고가 되려면 최고를 만나라》, 쌤앤파커스, 2013

62. 김주환, 《회복탄력성》, 위즈덤하우스, 2011

63. 임선영 기자, "아이의 회복탄력성 저자 디디에 플뢰", 중앙일보,

2012/05/28

64. 같은 기사

65. MBC뉴스플러스, "예술교육의 힘, 아이들이 달라진다", 2012/01/17

66. 같은 뉴스

67. 같은 뉴스

68. 뉴스1코리아 사건팀, "마음이 아픈 아이들… 같이 아픈 엄마들", 2015/09/05

69. 매튜 D.,《리버먼 사회적 뇌 인류 성공의 비밀》, 시공사, 2015

70. 김태형,《실컷 논 아이가 행복한 어른이 된다》, 갈매나무, 2016

71. 전민희 기자, "애들 대학 가고 우울증, 엄마들은 '빈둥지 증후군'", 중앙일보, 2017

72. 이유주 기자, "엄마가 돈을 공부해야 하는 이유", 베이비뉴스, 2016

73. 하우석,《내 인생 5년 후》, 다온북스, 2015

내 아이를 위한

마법의
교육법

ⓒ 김기원, 2019

초판 1쇄 발행 2019년 4월 22일
　　2쇄 발행 2020년 9월 22일

지은이　　김기원
펴낸이　　이기봉
편집　　　좋은땅 편집팀
펴낸곳　　도서출판 좋은땅
주소　　　서울 마포구 성지길 25 보광빌딩 2층
전화　　　02)374-8616~7
팩스　　　02)374-8614
이메일　　gworldbook@naver.com
홈페이지　www.g-world.co.kr

ISBN　979-11-6435-241-8 (03370)

이 도서의 국립중앙도서관 출판예정도서목록(CIP)은 서지정보유통지원시스템 홈페이지(http://seoji.nl.go.kr)와 국가자료공동목록시스
템(http://www.nl.go.kr/kolisnet)에서 이용하실 수 있습니다. (CIP제어번호 : CIP2019014199)